사실을 캐고 진실을 쓰는

나는 신문기자
입니다

나는 신문기자입니다

ⓒ임지선 2017

| 초판 1쇄 | 2017년 1월 20일 |
| 초판 3쇄 | 2021년 12월 10일 |

| 지은이 | 임지선 |

출판책임	박성규	펴낸이	이정원
편집	이동하·이수연·김혜민	펴낸곳	도서출판 들녘
디자인	김정호	등록일자	1987년 12월 12일
마케팅	전병우	등록번호	10-156
경영지원	김은주·나수정	주소	경기도 파주시 회동길 198
제작관리	구법모	전화	031-955-7374 (대표)
물류관리	엄철용		031-955-7376 (편집)
		팩스	031-955-7393
		이메일	dulnyouk@dulnyouk.co.kr
		홈페이지	www.dulnyouk.co.kr

| ISBN | 979-11-5925-227-3(14370) | CIP | 2017000347 |

이 도서의 국립중앙도서관 출판예정도서목록(CIP)은 서지정보유통지원시스템 홈페이지(http://seoji.nl.go.kr)와
국가자료공동목록시스템(http://www.nl.go.kr/kolisnet)에서 이용하실 수 있습니다.

값은 뒤표지에 있습니다. 파본은 구입하신 곳에서 바꿔드립니다.

미래
탐색
010

사 실 을 캐 고   진 실 을 쓰 는

나는 신문기자
입니다

임지선 지음

푸른들녘

기자 생활 10년차, 약간은 무기력해하며 매너리즘에 빠지려는 찰나에 출판사 전화를 받았습니다. 요즘 청소년들이 신문기자라는 직업에 관심이 많으니 책을 써보자는 제안이었어요. 고백하건대, 그리 어렵지 않을 것 같아 깊이 고민하지 않고 응했습니다. 청소년 시절부터 기자를 꿈꿔왔기 때문에 잘 쓸 수 있을 거라고 자신했거든요.

10년 전 썼던 자기소개서 파일을 열어봤습니다. 언론사 입사를 위한 것이었는데, 다시 읽어보니 낯이 조금 간지러웠어요. 그때의 저는 당차고 자신만만했답니다. 사회를 바꿔보겠다는 의욕이 넘쳐났지요. 몇 장 되지 않는 분량이지만 A4 용지에는 정의감과 사명감이 뚝뚝 흘러내리고 있었습니다.

원고를 쓰겠다고 컴퓨터 앞에 앉은 시간은 그야말로 '자기반성의 시간'이었어요. 기자는 사명감이 있어야 하고, 끈질겨야 하고, 정의로워야 하며, 세상에 대한 호기심의 끈을 놓지 말아야 한다고 쓰고 있는데, 정작 '지난 10년, 나는 과연 그랬나?'라는 물음이 제 마음을 파고들더군요. 동시에 '내가 과연 청소년들에게 기자라는 직업을 소개해줄 만한 사람인가?' 하는 물음이 사라지지 않았습니다. 결국 저는 이런 질문에 제대로 답을 하지 못했고, 키보드에 올려놓은 손가락을 제대로 움직이지 못했습니다.

'약간의 정의감, 약간의 겉멋, 신문매체가 주는 약간의 익숙함!'

이것은 제가 기자라는 직업에 매력을 느끼게 된 이유입니다. 약자를 위해 정의감에 불타서 기사를 썼을 때는 누가 알아주지 않아도 기뻤습니다. 사회적 반향(反響)이라도 있으면 보람까지 덤으로 얻었고요.

저는 기자라는 직업에 만족했습니다. 그러나 휴일에도 쉬지 못하고, 잠을 제대로 못 자고, 스트레스를 엄청 받고, 일은 많은데 행여 취재원과 싸우기라도 한 날은 '내가 왜 기자를 했지?'라며 절망감에 사로잡히기도 했어요. 힘들다고 투덜댄 날이 더 많았지요.

이 책에서 제가 강조하고 싶었던 것은 바로 이 부분입니다. 기자는 약자 편에 서야 한다는 점, 사명감을 가져야 한다는 점, 그리고 화려한 직업이 아니라는 점, 겉멋에서 시작하면 안 된다는 것을 여러분에게 들려드리고 싶었습니다. '있는 현실'을 그대로 전해주자는 생각이 들고서야 저는 비로소 글을 쓸 수 있었답니다.

기자를 꿈꾸던 청소년 시절, '실제 기자는 어떤 사람일까' 하면서 직접 만나보고 싶다는 생각이 간절했어요. 그래서 호기심 많았던 그때를 생각하면서 가급적 친근하게 글을 쓰려고 노력했습니다. 기자를 꿈꾸는 여러 친구들이 이 책을 통해 기자와 만나서 대화하는 것처럼 느꼈으면 좋겠어요.

청소년을 위한 글이라고 썼지만 쓰면서 오히려 제 스스로에게 도움이 되었습니다. 초심을 떠올릴 수 있었으니까요. "지난 10년간의 나는 기자로서 어떠했나?"라는 질문에 활짝 웃으면서 "잘했어!"라고 바로 답하기는 어렵지만, 적어도 앞으로 10년을 새롭게 그려나가자고 다짐하게 되었습니다. 글을 쓰는 작업은 그런 의미에서 제게도 큰 보람이 되었지요.

책이 완성되는 데 거의 2년 가까운 시간이 걸렸습니다. 스스로 마음을 정리하는 게 가장 힘들었지만 늘 길어봐야 원고지 10매 정도 글쓰기에 익숙했던 터라 호흡이 긴 글을 써내려가는 작업이 만만치가 않았답니다. 10년 내내 "짧게, 간단명료하게 써야 해"라고 주문을 외워왔는데, 반대로 장문을 쓰자니 몸에 익숙하지가 않았거든요. 그럼에도 격려와 응원으로 기다려준 푸른들녘에 깊은 감사를 드립니다.

집필 독촉을 가장 많이 한 사람은 제 남편이었어요. 남편은 제가 늘어져서 텔레비전이라도 보려고 하면 "원고는 언제 쓰느냐?"며 채찍을 들었지요. 임신과 출산, 육아로 힘들 때는 포기하고 싶었는데, 그때마다 남편은 "할 수 있다"고 격려해주었습니다. 원고 쓰라고 시간을 내준 남편에게 사랑한다는 말을 전하고 싶어요. 그리고 이 책의 시작부터 함께한 우리 아들 승윤이에게 고맙다는 말을 하고 싶습니다. 승윤이에게 부끄럽지 않은 '기자 엄마'가 되겠다고 다짐해봅니다.

차 례

이런 걸 보도하지 않으면 그게 언론입니까?

여러분, 드라마나 영화에 자주 등장하는 직업이 무엇일까요? 장르나 스토리에 따라 작가가 선호하는 직업이 따로 있게 마련이지만, 약방의 감초처럼 빠지지 않고 나오는 직업이 몇 가지 있는데요. 그중 하나가 바로 기자입니다. 신문기자, 잡지기자, 방송기자 등 기자라는 직업은 주인공이나 조연의 직업으로 자주 등장하지요. 여러분이 재미있게 보았을 영화 「악마는 프라다를 입는다」(2006)의 주인공은 내로라하는 언론사의 기자가 되고 싶어 했으나 번번이 떨어지다가 결국 패션잡지 《런웨이》의 편집장 비서로 취직하게 됩니다. 하지만 앤드리아는 그곳에서 고군분투하면서도 기자의 꿈을 버리지 않았지요.

2016년에 개봉된 영화 「스포트라이트」에는 진실을 파헤치는 정의로운 기자들이 주인공으로 나옵니다. 미국의 3대 일간지 중 하나인 〈보스턴 글로브〉의 특종 전담 취재팀인 '스포트라이트 팀'이 가톨릭 보스턴 교구 사제들의 아동 성추행 사건을 취재하는 내용을 담은 영화인데요. 이것은 실제 있었던 일을 영화로 만든 것입니다. 지역 사회에서 그들의 취재를 막기 위해 여러 방면으로 압력을 행사하지만 스포트라이트 팀 기자들은 1년이 넘도록 사건을 끈질기게 취재한 끝에 마침내 진실을 밝혀냅니다. 열혈 기자 마이크가 "이런 걸 보도하지 않으면 그게 언론입니까?"라고 되묻던 장면이 지금도 눈에 선합니다. 그 뿐인가요? DC 코믹스의 영원한 히어로 슈퍼맨도 보통 때는 〈데일리 플래닛〉의 어수룩한 기자였고, 「스테이트 오브 플레이」(2009)에서 엄청난 사건을 앞에 두고 취재 방식을 가지고 티격태격하던 주인공들의 직업도 신문기자였어요. 그 밖에 고전 중의 고전으로 회자되는 「시민케인」(1941), 캄보디아 킬링필드의 참상을 취재하러 떠난 〈뉴욕 타임스〉 기자의 이야기를 담은 「킬링필드」(1984)도 기자라는 직업을 다룬 영화입니다.

하지만 미디어에 비친 기자의 모습이 항상 정의의 편에 서 있는 건 아니에요. 우리나라에서도 '기레기'라는 표현을 종종 들을 수 있잖아요? 이는 사실을 왜곡하거나 반드시 알려야 할 기사에 눈을 감아버리는 기자, 즉 본분을 잊어버린 기자들을 비하하는 말입니다. 물론 우리나라에만 그런 기자들이 있는 건 아니고요.

기자, 또는 기자에 얽힌 이야기들은 우리나라 드라마에서도 자주 다루어집니다. MBC 드라마 「몬스터」(2016)에서는 정치인이 기자들을 불러 모아 돈을 쥐어주며 특정 기사를 쓰지 말라고 요구하는 장면이 나오는데요. 그러고는 "기사를 막았다"고 표현했지요. SBS 드라마 「피노키오」(2014)는 방송국 사회부에 입사한 신참 기자들이 각각 자신이 생각하는 언론의 정의와 기자의 책임을 다하기 위해 이리저리 뛰어다니는 모습을 잘 담아냈어요.

기자는 미디어에 많이 등장하는 직업 중 하나입니다. 좋은 쪽으로든 나쁜 쪽으로든 말이에요. 직업 자체의 인기가 높다 보니 매년 기자가 되기 위한 언론사의 입사시험 경쟁률 결과에 입이 딱 벌어지기도 합니다. 제가 신문사에 입사했던 2005년에는 100대 1 가량의 경쟁률을 기록했는데요. 지금도 마찬가지입니다.

이렇게 지원자가 많은 이유가 무엇일까요? 단적으로 말하자면 저는 그 이유가 '기자라는 타이틀이 보여주는 화려한 겉모습' 때문이라 생각합니다. 미디어에 비춰진 '정의로움'에 마음을 빼앗겨서 그런 것이지요. 또한 좀 더 거칠게 말하자면 '권력을 가진 자'로 보이기 때문입니다. 일반인의 눈에 기자는 '여론을 움직이

⊞ 영화 「스포트라이트」 포스터(네이버 영화)
⊞ 영화 「스테이트 오브 플레이」 포스터(네이버 영화)
⊞ 영화 「킬링필드」 포스터(네이버 영화)

는 힘'을 가진 사람으로 보이잖아요. 그런데 모든 직업이 다 그렇듯 겉모습만 보고 달려든 사람들은 정작 기자가 어떤 일을 하는지, 얼마나 힘든지, 그리고 무엇을 해야 하는지 잘 알지 못합니다. 기자라는 직업의 속성과 은밀한 사정을 모르고 덤벼들었다가 "아 이런, 기자는 내 적성과 안 맞는 것 같아"라면서 다른 일을 찾아 떠나는 사람을 저도 많이 보았거든요.

어느 직업이든 직접 해보지 않고서는 무슨 일을 하는지 정확히 알 수 없습니다. 기자도 마찬가지예요. 이름 있는 대학을 우수한 성적으로 졸업했다고 해서 좋은 기자가 되는 건 아니지요. 요즘 말로 '스펙'이 쟁쟁하고 영어 실력이 뛰어나다고 해서 모두가 취재를 잘하고 진정성 넘치는 기사를 쓸 수 있는 것도 아닙니다. 그러므로 기자의 세계에 관심을 가진 사람이라면 조금 더 면밀하게 그 안을 들여다보고, 어떤 일이 수행되는지 살펴보고, 장단점을 체크하고, 자신의 적성이나 능력 및 직업 철학과 이 일이 정말 어울리는 것인지 꼼꼼히 살펴야 합니다. 자, 우리 함께 그 세계를 탐색해봅시다.

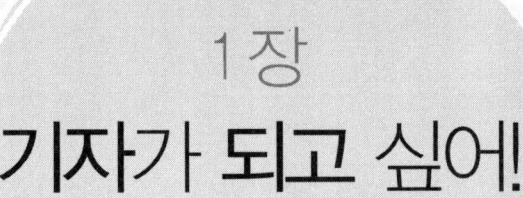

1장
기자가 되고 싶어!

기자에 도전하는
이유가 분명한가요?

우선 제가 어떻게 기자가 되고 싶다는 생각을 했는지 들려드리겠습니다. 저는 어렸을 때부터 신문을 가까이했습니다. 학원을 다니지 않은 덕분에 시간이 많았고, 그러다 보니 학교에 다녀와서 집에 있는 신문을 보는 게 일이었어요. 그때 저는 신문 1면부터 광고까지 모조리 읽었습니다. 그래야만 되는 건 줄 알고 말이에요. 1면부터 끝까지 모두 다 읽는 데 꼬박 3시간이 걸렸는데, 실은 무슨 말인지도 모르고 읽었던 적이 더 많았습니다.

한 가지 특이한 점은 시험에 나오는 것도 아니고 누가 시킨 것도 아닌데 제가 신문 기사에 밑줄을 긋고 동그라미까지 쳐가며 읽었다는 것입니다. 읽다가 재미난 내용이 있으면 신이 났지요. 광고를 읽는 것도 그렇게 재미나게 느껴졌답니다. 물론 전혀 이해가 안 되는 내용이 태반이었어요. 신문 기사는 보통 "중학교

1학년이 읽어도 될 만큼 쉽게 쓰라"고들 하지만 실제로 중학생이 읽어서 이해되지 않는 부분도 많아요. 특히 경제면 같은 경우는 단번에 이해하기 어렵습니다. 그런데도 당시 하루 3시간씩 신문 전체를 다 읽었으니 지금 생각해보면 약간 문자 중독증이 아니었나 싶어요. 무슨 말인지도 모른 채 그냥 읽었던 겁니다.

가까이서 자주 접했기에 저는 기자라는 직업을 친숙하게 받아들였고, 아주 자연스럽게 '나도 신문에 나오는 기사를 쓰는 사람이 되고 싶다'고 생각하게 되었습니다. 또한 텔레비전 뉴스 마지막 화면에서 "○○○뉴스 ○○○ 기자입니다"라고 말하는 장면을 보면서 '와, 정말 멋있다!'고 생각했지요. 지금 보면 저도 살짝 '겉멋'에 빠져 기자를 선망했던 모양입니다.

좀 더 구체적으로 기자의 꿈을 지니게 된 것은 중학교 2학년 때였어요. 같은 반 친구 중에 소위 말하는 '노는 아이'가 있었는데요. 모범생인 저는 담배도 피웠던 그 '노는 친구'랑 어쩌다 친해지게 되었고, 얼마 뒤에는 그 친구의 속마음을 들을 수 있었습니다. 그 아이는 제게 "술만 마시면 술병을 깨고 집안을 난장판으로 만드는 것은 물론 엄마와 나를 때리는 아빠가 참을 수 없을 만큼 미워서 가출을 일삼게 되었고, 마

신문 기사는 중학생도 읽을 수 있을 만큼 가급적 이해하기 쉽게 써야 한다.

구 삐뚤어지기 시작했다"고 털어놓았어요. 하지만 속사정을 몰랐던 담임선생님은 친구를 몰아치기만 했습니다. 왜 수업을 안 듣느냐, 시험공부는 왜 하지 않느냐 하면서 늘 꾸짖고 지적만 했어요. 저는 그런 모습을 보면서 '선생님은 왜 한 번도 친구의 진짜 이야기를 들어보려고 하지 않을까, 우리나라 교육은 왜 늘 학교 성적만 강조하는 걸까, 학생 자체를 봐주지 않는 걸까? 이런 이야기가 왜 신문과 방송에 나오지 않는 걸까?' 하고 의문을 품게 되었습니다. 가슴이 꽉 막히고 답답하기만 했어요. 그러면서 저는 이런 내용을 담은 기사를 써서 세상에 알려야겠다고 마음먹게 되었어요. 지금 생각하면 '좀 귀엽기만' 한 포부였는데요. 실은 그 자그마하고 소박한 고민에서 기자의 꿈이 싹튼 것입니다.

제가 여러분에게 이 이야기를 하는 이유는 단순합니다. 누구든 기자가 되기 전에 스스로 구체적인 계기를 만들어야 한다고 생각하기 때문이지요. 그래야만 기자 시험에 여러 번 낙방한다 해도 다시 지원할 힘이 생기는 것은 물론, 기자가 되고 나서 힘든 일을 겪어도 극복할 수 있는 에너지를 얻을 수 있거든요. 흔히 말하는 '초심'을 단단히 하라는 뜻입니다.

사회를 바꾸겠다는 **로망** vs.
머리채를 잡히는 **현실**

두려울 것이 없다는 기자 2년차 사회부 사건 팀 시절,
당시 제 일기를 꺼내보면 이런 대목이 나옵니다.

나는 내가 다이내믹한 일을 좋아하는 줄 알았다. 사
무실에 가만히 앉아 있는 일이 싫었고, 세상 돌아가는
걸 내 눈으로 직접 가까이서 보고 싶어서 어렸을 때부
터 기자를 하고 싶었는데 현실은 그렇지 않다. 내 성
향을 잘못 알았는지…. 내 스케줄과 상관없이 언제 어
디서 터질지 모르는 사고가 싫다. 지난주는 유명인 폭
행 사건 취재, 어제는 여성 인권 문제를 취재했다가
오늘은 낙상 사고로 돌아가신 가족을 잃은 유족 취재,
내일은 또 무슨 일이 벌어질까. 정신을 어디에 두고
사는지 모르겠다.

이번에는 정치부에서 일했던 기자 6년차 시기의 일

기를 꺼내볼까요? 2010년 10월의 어느 날. 이날은 제 생일이었어요.

새벽 별 보고 출근해서 밤의 별(!)을 보고 퇴근했다. 오늘 생일이었는데 새벽 6시에 미역국을 거의 후루룩 마시다시피 먹고 출근. 미역국은 먹었으니 그나마 다행이라고 생각한다. 과천 농식품부 국감. 하루 종일 배추와 4대강 이야기에 귀를 쫑긋하고 의원들이 하는 말, 장관들이 답변하는 말을 꼬박 받아 쳤더니 어깨가 아파 죽을 거 같다. 마사지 받아야겠다. 다크 서클이 턱까지 내려온 거 같다. 졸리고 허리도 아프고. 피부는 나빠지고 배는 나오고. 난 아직 만으로는 서른이 안 됐는데 신체 나이는 40대다. 운동이 필요한데, 정말이지 당최 시간이 없다.

위의 두 일기에서 무엇을 느끼셨나요? 기자 일이 생각보다 육체적으로, 정신적으로 힘들다는 생각이 들지 않나요? 전 진짜 기자가 하고 싶어서 한 사람인데 너무 힘들었어요.

사회부 사건 팀에서 전국 각지에서 일어나는 사건을 취재하다 보면 험한 꼴을 겪기도 합니다. 저는 이런 일도 겪어봤어요. 한 번은 강도를 저지른 범죄자를 취재한 적이 있어요. 그때 범인을 인터뷰하기는 했지만 실제로 기사를 쓰진 않았어요. 그러나 이 사람은 제 이름과 소속을 기억하고 저를 명예훼손 혐의로 고소했더라고요. 애당초 기사를 쓰지 않았으니 명예훼손 자체가 성립이 안 되는 일이죠. 어이가 없었어요. 그러나 경찰에 불려가 조사를 받아야 했지요. 물론 무혐의로 결론이 났지만, 은근히 떨렸답니다.

자살 사건 관련해 유족을 취재하다가 머리채를 붙잡혀서 휘둘린 적도 있어요. 경찰서를 돌아다니며 취재하던 수습기자 시절이었는데요. 경찰서로 자살 사건이 접수됐는데 얼핏 듣기로 명문대 재학생이라고 했어요. 선배에게 보고를 했더니 명문대생이 맞는지, 자살 이유가 무엇인지, 혹시 취업을 하지 못해 비관 자살을 한 것인지 알아보라고 지시하더라고요. '명문대생 취업 비관 자살'이라는 기사 제목이 나올 만한지 취재해보라는 것이었습니다. 경찰은 출신 학교를 모른다고 했어요. 결국 저는 장례식장으로 가야 했습니다. 유족에게 사실을 확인하려고 말이지요. 자식을 잃은 유가족들에게는 직접 물어보기가 힘들었기에 고인의 친척에게 물어 겨우 출신 학교를 들을 수 있었습니다. 그는 명문대 출신은 아니었어요. 그러고는 사실 관계를 선배에게 전화로 보고하는 순간, 저는 머리채를 붙잡혔어요. 장례식장 화장실 바닥에 쓰러졌지요. 화장실에 들른 유족 중 한 분이 제가 선배에게 보고하는 전화 내용을 듣고서 화가 났나 봅니다. 태어나서 누군가에게 그렇게 맞아본 건 처음이었는데 아프다기보다 놀랐고 무서웠어요. '가족을 잃은 사람들 앞에서 내가 무슨 짓을 한 건가' 싶었지요. 기자로서 저는 이 사건이 어려운 취업 현실을 보여주는 우리 사회의 한 단면인지 아닌지 취재한 것이지만 유족 입장에선 아픈 가족사를 캐내려는 사람으로 생각되었던 것입니다.

흔한 일은 아니지만 취재 현장에서 맞는 일도 있답니다. 과거 대구 지하철 화재 사건 당시 유가족에게 인터뷰를 시도하다가 기자라고 소개하는 순간 뺨을 맞은 기자도 있다고 해요.

사실 기자의 이름이 신문지상에 등장하는 건 한 순간이에요. 오직 한 순간만 화려해 보일 뿐 그 화려함을 빛내기 위해 기자들은 갖은 고생을 다 합니다. 한쪽 면만 보고 기자에 뛰어들면 쉽게 실망할 수도, 쉽게 지칠 수도 있다는 점을 명심하시기 바랍니다.

또 한 가지 덧붙이고 싶은 점이 있습니다. 언론사는

화려만 면만 보고 기자를 선망하면 안 돼

상명하복의 군대식 문화가 아직 남아 있는 곳이에요. 특히 수습기자는 군대 문화를 가장 많이 경험하게 됩니다. 물론 예전에 비해 많아 나아졌고 조직이라면 상명하복 문화가 전혀 없을 수 없겠지만, 언론사는 조금 더 강한 편이에요. 마구잡이로 쏟아지는 선배의 지시에 가끔 견디지 못하고 나가는 친구들도 있으니까요.

아무래도 기자는 일반 조직과 달리 매일 매일 마감에 시달리며 일해야 합니다. 시간 압박에 시달림과 동시에 기사 한 문장, 한 단어가 미치는 사회적 파장을 염두에 둬야 하므로 긴장할 수밖에 없습니다. 만일 사실 관계가 조금이라도 잘못되면 피해를 입는 사람이 생기게 마련이잖아요. 그런 과정을 줄이고자 후배들을 압박하는 문화가 생겨난 건 아닌가 생각됩니다. 물론 군대식 문화는 앞으로 점점 사라져야겠지요.

반면 언론사에는 일반 조직보다 좀 더 자유로운 분위기도 있어요. 어쩌면 위에서 이야기한 군대식 문화와 모순되는 부분이기도 한데요. 무슨 뜻인가 하면, "부당한 압력에 굴복하지 않겠다"는 기자들만의 기개가 있다는 것입니다. 기사의 논조와 방향을 놓고 선배와 후배가 터놓고 토론할 수 있는 문화가 있는 곳 또한 언론사거든요.

마지막으로 기자의 그늘을 한 가지 더 첨언할게요. 바로 스트레스 문제입니다. 새벽이든 한밤중이든 사건이 터지면 언제든 달려가야 하는 직업이므로 기자들은 육체적 스트레스에 엄청 시달립니다. 연차가 올라가면 갈수록 이슈를 어떻게 보도할 것인가, 이 내용을 보도할 것인가 말 것인가 등등 결정해야 할 사항도 많아지므로 정신적 스트레스 또한 매우 큽니다. 자신이 내린 판단, 기사 한 문장이 미치는 파급 효과가 엄청나다는 것을 알고 있기 때문에 긴장의 끈을 놓을 수 없거든요. 부장과 국장 자리에 오르면 신문 지면이 완성되는 밤 늦은 시각까지 퇴근을 못하는 것도 다반사고요.

여러분, 이런저런 설명을 듣고 나니 기자가 되는 일이 조금 겁나지요? 마냥 힘들기만 할까 봐 걱정도 될 테고요. 하지만 힘든 만큼 보람찬 일도 많습니다. 내가 문제가 있다고 보도한 단 한 문장, 단 하나의 기사 덕분에 사회제도가 바뀌고 정부의 정책이 바뀔 때면, '아, 내가 좋은 기사를 쓴 게 틀림없구나!' 하고 뿌듯해지니까요.

예를 들어볼게요. 얼마 전까지만 해도 외국어고등학교에 입학하려면 시험을 봐야 했지요. 그런데 일부 외고들이 입시문제를 공개하지 않는 거예요. 그러다

보니 외고 입시를 준비하는 학원들이 알음알음 기출 문제를 구해서 자기 학원생들에게만 제공하는 폐단이 만연해진 겁니다. 즉, 외고 입시를 준비하려면 족집게 학원을 다녀야만 하는 구조가 만들어진 것인데요. 고등학교는 공적인 교육 기관인데 시험 문제가 공개되지 않는다니! 저는 말이 안 된다고 생각했어요. 대학 입시와 관련된 기출 문제는 모두 공개되잖아요? 형평성을 잃어버린 셈이지요. 이런 식이라면 집안 형편이 어려워 학원을 다니지 못하는 친구들은 외고 입시를 준비할 길 자체가 막히는 거고요.

그래서 제가 팔을 걷어붙이고 이 부분을 기사화했습니다. 당시 일부 외고가 자신들의 기출 문제를 책으로 엮어서 돈을 받고 팔기도 한다는 것을 알게 되어 더욱 책임감이 불타올랐지요. 결국 기사를 보고 문제점을 인식한 교육 당국은 곧장 학교 측에 이를 고치라고 요청했고, 몇몇 학교는 교육청의 요구를 받아들여 기출 문제를 공개하기로 결정했답니다. 바로 이럴 때가 기자로서의 긍지와 보람을 느끼는 순간입니다.

저는 기자로 일하면서 '단 한 문장의 힘'도 느낀 적이 있어요. 연말이면 보통 신문과 방송에서 어려운 이웃을 돕자는 기사가 많이 나오는데요. 그때도 선배들이 사례를 찾아오라고 했습니다. 수습기자가 뭘 할 수 있을지 막막하던 차에 당시 서울대 병원 쪽에 연락을 해보았어요. 병원에는 돈이 없어서 수술을 못하고 발을 동동 구르는 경우가 종종 있을 테니까요. 그랬더니 병원 측에서 외국인 이주노동자 가정의 아이를 소개해주었습니다.

그 아기는 태어날 때부터 장애가 있었고, 수술을 세 번 해야 한다는 거예요. 하지만 아이의 부모에게는 그럴 만한 경제력이 없었습니다. 병원 측에서도 안타깝게 여겨 일단 첫 번째 수술을 무료로 해줬다고 했지요. 저는 이 이야기를 기사로 썼습니다. 그러고 나서 그야말로 기적이 일어났어요. 기사가 나온 직후 곳곳에서 이메일과 전화 문의가 쇄도한 거예요. 다들 아이를 도와주고 싶어 했습니다. 그중 특히 한 분이 지금도 기억나요. "병원 측에서 먼저 수술을 해줬다"는 문장에 감동을 받았다면서 1,000만 원이 넘는 돈을 선뜻 아기 수술을 위해 써달라며 기부하신 거예요.

이 일을 경험하면서 저는 정말 보람과 감동을 동시에 느꼈습니다. '내 기사 하나로 아이를 살렸구나' 하는 감동을 맛보았고, 또 한편으로는 기사 문장 하나하나가 얼마나 중요한지를 깨닫게 되었지요. '병원 측에서 먼저 수술해줬다'는 그 한 문장이 사람들의 마음을 움직인 거잖아요?

글로 사람의 마음을 움직일 수 있다는 점, 세상을 조금이라도 바꾸는 데 기여할 수 있다는 점, 이것이 바로 기자의 진정한 매력이겠지요?

2장
신문사 둘러보기

신문사에는 어떤 **부서**가 있을까?

기자의 취재 분야가 다양한 만큼 신문사에는 여러 부
서가 있습니다. 신문이 한 사회에서 일어나는 일을
집약적으로 담아내는 공간이라고 생각하면, 정치·경
제·사회·국제·문화·스포츠 등 여러 분야가 있는 것도
당연하겠지요? 신문사 편집국은 크게 정치부, 경제부,
산업부, 사회부, 정책사회부, 국제부, 문화부, 스포츠
부로 나누어집니다. 각 신문사마다 부서 구성이 조금
씩 다르기는 하지만, 큰 틀은 이와 유사하지요.

정치부
정치부는 청와대와 정당, 국회의원들을 취재하는 정
당 팀, 통일 정책과 국방 및 외교 안보를 다루는 외교
안보 팀으로 구성됩니다. 신문사 기자는 어느 부서, 어
느 팀에 속하든 다 힘들게 일하지만, 정치부는 특히
육체적으로 힘들고 또 그만큼 중요한 부서 가운데 하

나입니다. 우리 사회에 커다란 영향을 끼치는 정책이 결정되는 가장 최상의 단위인 청와대와 국회를 맡고 있기 때문인데요. 소속 기자들은 기다림의 미덕을 갖추어야 합니다. 국회의원들이 모여서 법안을 논의하고 의결하는 상임위원회, 본회의 등이 수시로 열리는데다가 한 번 열리면 언제 끝날지 정확히 기약할 수 없기 때문에 취재기자 역시 마냥 기다려야 하거든요. 또 고위직들이 비공식적으로 모여 회의하는 경우를 알아내야 하고, 당시 회의에서 결정된 사항을 취재해야 하기 때문에 매우 까다로운 분야라고 말들 하지요.

정치부 정당 팀은 여야별로 5명 안팎의 기자들이 한 팀을 이루어 활동합니다. 팀으로 움직이는 탓에 서열도 분명한데요. 소위 말하는 막내 '말진' 기자는 정당의 모든 회의를 일일이 챙겨야 하므로 가장 바쁘고, 팀장 역할을 하는 '반장' 기자에겐 그날 뉴스의 기준과 잣대, 그리고 방향을 잡는 매우 중요한 역할이 맡겨집니다.

정치부 취재의 꽃은 선거예요. 지방자치단체 선거, 국회의원 선거, 대통령 선거 등은 정치가 무엇인지, 민주주의가 무엇인지를 눈앞에서 보고 실감할 수 있게 해주거든요.

민주주의의 실체를 경험하게 해주는 선거. 정치부 기자들에게 선거철은 힘이 솟고 의욕이 몇 배로 불타오르는 기간이다.

통일, 국방, 외교 정책 역시 정보 접근이 상당히 제한되어 있는 분야입니다. 따라서 어떻게든 이를 알아내려는 기자와 감추려는 정부가 늘 팽팽한 줄다리기를 펼치는데요. 기사를 한 번 쓰면 국내뿐 아니라 해외에까지 파장이 크기 때문에 기자들이 신중에 신중을 더하는 출입처이기도 합니다.

경제부

경제부는 경제 정책을 결정하는 기획재정부를 필두로 경제 관련 부처(농림수산부, 국토교통부 등)를 담당합니다. 금융위원회나 금융감독원 같은 금융 관련 부처, 그리고 은행, 증권사, 보험사, 카드사 등 금융 회사에서 벌어지는 일들도 경제부 소관인데요. 거시적 시각으로는 한국 경제 전반에 걸친 정책을 다루는 부서이기 때문에 다소 생소한 개념이 기사에 종종 등장합니다.

개념어 때문에 고민했던 에피소드를 하나 소개할게요. 경제부 금융 담당을 맡고 난 직후에 저를 가장 고민에 빠뜨렸던 단어가 있어요. 바로 '양적완화'라는 말인데요. 양적완화(quantitative easing)의 사전적 정의는 "중앙은행이 통화를 시중에 직접 공급해 신용 경색을 해소하고, 경기를 부양시키는 통화 정책"

입니다. 경제학 용어로는 "유동성을 공급한다"고 하는데요. 아주 쉽게 풀어서 말하면 "한국은행이 돈을 찍어서 시중에 돈을 푼다"는 뜻입니다. 그러나 '돈을 푼다'라고만 말하면 100퍼센트 정확한 뜻을 담지 못해요. 이렇게 여러 번 문장을 나열했는데도 이해하기 어렵잖아요?

자, 그런데 문제는 기사는 짧다는 것입니다. 길어봤자 200자 원고지 7장 안에 쓰는 보통의 기사에 '양적완화'라는 한 단어를 설명하는 데만 절반 이상을 할애할 수는 없어요. 간략하지만 핵심만 쓰고 넘어가야 합니다. 이 때문에 경제부 기자들은 어려운 용어를 간단하고도 정확하게 설명하는 데 익숙해지려고 부단히 노력한답니다. 이것이 또한 가장 중요한 일이기도 하고요.

어려운 개념어를 이해하기 쉽게 풀어 써야 해.

경제부 기자들은 국내 경제뿐 아니라 해외 경제의 흐름도 잘 꿰고 있어야 합니다. 글로벌 시대에 우리나라 상황만 보고 듣고 해서는 안 되거든요. 늘 해외 사정과 비교 분석하면서 더 좋은 해법을 찾아야 합니다.

이번엔 미시적 시각으로 경제부를 살펴볼게요. 간단히 말해 '돈의 흐름이 오가고 숫자를 기록하고 분석하는 부서'라고 생각하면 되겠어요. 고객들이 자주 이용하는 은행에서 겪는 불편 사항을 꼭 짚어내거나 증권사 혹은 보험사 등에서 내놓는 새로운 제도에 대해서 소개하는 일도 합니다. 최근 트렌드인 재테크 방법 등을 알려주기도 하고요.

다시 '양적완화'와 얽힌 이야기를 예로 들어볼게요. 미국은 2008년부터 시중에 돈을 푸는 양적완화를 단행했는데요. 6년 넘게 지속한 양적완화를 앞으로 중단하겠다고 발표했던 지난 2013년 6월, 전 세계 경제는 휘청거렸습니다. 한국 경제도 충격을 받아 증시가 순식간에 떨어지기도 했지요. 자, 이렇게 일이 벌어지면 양적완화가 무엇인지, 한국 경제와 산업에 미칠 파장은 어떤 것인지, 당장 무엇이 달라지는지 등을 경제부 기자들이 분석합니다. 더불어 양적완화가 중단되고 미국의 금리가 오르면 한국 금리는 어떻게 될지, 시민들이 은행 적금을 계속 넣어도 될지 등 재테크에 관련된 내용 중 일반인들이 궁금해할 내용도 정확하게 다루어야 하고요.

보통 사람들은 경제를 어렵게 생각하는 경향이 많아서 그런지 신문의 경제면을 읽지 않고 넘어가는 분들도 많습니다. 기자들도 경제학을 전공하지 않은 경우 어려움을 느끼는 부서 중 하나고요. 경제부 기자가 어려운 용어를 쉽게 풀어 쓰고, 당면한 이슈가 우리 삶에 미치는 영향이 무엇인지를 시민들이 보다 쉽게 체감할 수 있도록 기사를 써야 하는 이유입니다.

사회부

사회부는 크게 사건사고를 다루는 경찰 팀, 법원과 검찰 등 판결을 다루는 법조 팀으로 나눌 수 있어요. 이름만 들으면 무섭죠? 여러분이 자주 보는 사건사고 기사는 바로 이 사회부에서 작성하는 것입니다. 경찰 팀의 기자는 드라마나 영화에서 많이 나오는 '사스마리'라고도 불러요. 사실 '사스마리'는 일본식 표현이에요. 한국 사회의 많은 제도가 일제강점기에 일본으로부터 건너온 경우가 많은 것처럼 기자들이 자주 사용하는 용어도 일본에서 온 말들이 많아요. 사실 사용하지 않는 편이 바람직하겠지만, 일단 관행적으로 많이 쓰이는 말들이니 여기서 한 번쯤 언급하고 갈게요.

사스마리는 일본어로 경찰서를 의미하는 '사스'와 돌아다닌다는 뜻을 가진 '마와루'라는 단어가 합쳐져서 생긴 건데요. 경찰서를 담당하는 기자를 뜻합니다. SBS에서 방영했던 드라마 「피노키오」에서 이종석과 박신혜가 경찰서 기자실에서 먹고 자면서 사건을

사회부 기자는 드라마나 영화의 단골

39

취재하는 장면이 많이 나왔잖아요? 그들이 바로 경찰
팀과 사건 팀 기자들이랍니다.

국내 언론사에서 입사하면 수습들이 가장 먼저 배
치되는 부서가 이곳 사회부 경찰 팀이에요. 수습기자
를 경찰서로 배치하는 이유는 매일 경찰서로 들어오
는 사건사고로 기사 작성의 기본인 "누가, 언제,
어디서, 무엇을, 어떻게, 왜"에 따른 육하원칙*
을 가장 빨리 익힐 수 있는 곳이기 때문입니다.

정보 접근이 제한된다는 점에서 법원과 검찰
을 맡는 법조 팀도 꽤 힘든 부서예요. 특히 고위
직과 관련된 비리 사건이 터질 때면 검찰기자
의 역할이 중요해져요. 법조 팀은 판결을 하는
법원, 수사를 맡는 검찰로 구분되어 파견되는데
요. 법원에서는 어떤 판결이 나는지를 기자들
이 재판에 직접 들어가 보면서 판결문을 읽고
난 후 중요하고 특이한 내용을 기사로 씁니다.
검찰은 수사 중인 사건에 대해서는 말하지 않기 때문
에 취재하기가 여간 까다로운 게 아니지요. 가끔 중요
한 사건이 발생하면 검찰이 기자들과 티타임 등의 형
식을 통해 중간 설명을 해주기도 하지만 이 내용도 정

*육하원칙(六何原則)이란 역
사 기사, 보도 기사 등의 문장
을 쓸 때에 지켜야 하는 기본적
인 원칙으로 '누가, 언제, 어디
서, 무엇을, 어떻게, 왜'의 여섯
가지를 이른다. 영어식 표현으로
는 5W1H(Who, When, Where,
What, Why, and How)라고도
한다.

확한 수사 결과가 아니기 때문에 막상 기사로 쓸 때는 꽤나 조심해야 합니다.

전국부

신문은 주로 수도 서울 중심의 기사를 많이 다루지만 다른 지역 뉴스도 별도 부서를 만들어 취재합니다. 이를 담당하는 부서가 바로 전국부인데요. 어떤 회사에서는 전국 사회부라고 부르기도 합니다.

부산, 대구, 광주, 대전, 울산 등 각 주요 도시마다 그 도시에 상주하는 기자가 있는데, 지역에서 일어나는 사건사고, 행정, 지역 경제, 문화 등등의 일을 모두 다루기 때문에 해야 할 일이 많은 부서입니다. 혼자서 사회부 기자 역할도 하고, 문화부 기자 역할도 하고, 경제부 기자 역할도 하는 셈이니까요.

사실 전국부가 하는 일은 사회부와 크게 다르지 않아요. 다만 사회부가 서울에서 일어나는 일을 주로 담당한다면, 전국부는 지역 곳곳에서 일어나는 일을 포괄하고 서울시청이나 부산시청, 대구시청 등 지방자치단체까지 담당한다는 점이 다릅니다.

일례로 전라남도 진도에서 배가 침몰했던 '세월호 사건'을 떠올려보세요. 이때 피해자 학생들은 모두 경

기도 안산에 사는 학생들이었지만, 당시 사건 취재에
는 전남 주재기자가 제일 먼저 파견되었어요. 그리고
경기도 주재기자는 학교로 파견을 나갔고요. 여기에
사회부 기자들이 함께하면서 거대한 팀을 이루게 된
것입니다. 이처럼 전국부는 일의 특성상 사회부와 협
업하는 일이 잦습니다.

국제부

국제부는 해외의 모든 뉴스를 다루는 곳입니다.
회사별로 미국, 중국, 일본, 유럽 등에 특파원을
파견해 현지 취재를 하고, 국내에서는 AP통신*
이나 로이터통신** 등 외신을 보면서 해외 뉴스
를 자국민에게 전달합니다.

  요즈음에는 국제 뉴스의 비중이 과거에 비
해 점점 커지고 있다는 게 특징이에요. 예전에
는 국제 뉴스 비중이 작았고, 국제 뉴스라고 해
봐야 어느 나라에서 큰 사고가 일어났고, 재난
재해가 발생했으며, 충격을 줄 만큼 놀라운 일
이 일어났다는 등 흥미 위주의 뉴스가 많았습니
다. 그러나 이제는 점점 해외의 정치, 사회, 문화
등 각 분야에 고루 관심사를 넓혀가고 있는 추

*AP통신(미국연합통신:美國聯合
通信, Associated Press)은 미국
뉴욕에 위치한 다국적 비영리 통
신사로, 미국에서 가장 유서 깊은
통신사다. 1846년 5월에 신문사
와 방송국의 협동조합 형태로 설
립되었다. 2005년 기준으로 미국
내의 약 5000개의 텔레비전 방
송국과 라디오 방송국, 약 1700
개의 신문사와 기사 제휴 계약을
맺고 있다. 또한 전 세계에 243개
의 지국을 운영하고 있고, 121개
국에서 기자들이 활동하고 있다.
**로이터(Reuters)는 통신사의
하나로 독일인 파울 율리우스
로이터(Paul Julius Baron von
Reuter)가 설립한 영국의 뉴스
및 정보 제공 기업이다. 현재는
신문, 방송 등에 뉴스를 공급하는
전통적인 통신사의 기능보다 증
시 속보 등 금융 정보 제공의 비
중이 커졌다.

세지요. 우리 역시 국제 사회의 일원으로서 해외의 난민 문제, 물 기근을 비롯한 생태계 문제, 인종 차별 제도 등등 지구촌 곳곳에서 벌어지고 있는 심각한 문제로 우리의 시각을 확대해나가는 것입니다.

국제부에서는 기본적으로 주요 나라에 특파원을 파견합니다. 회사에서 기자를 선발해 몇 년간 해외에 보내는 건데요. 전 세계 모든 곳에 특파원을 파견하여 직접 취재하면 좋겠지만 여건이 허락하지 않기 때문에 국내 신문사들은 대개 미국과 중국, 일본에 특파원을 보냅니다. 좀 더 큰 신문사는 유럽과 그 외의 지역에도 단기 특파원을 파견하고요. 연합뉴스는 통신사이기 때문에 독일, 러시아, 스웨덴, 스위스, 인도, 남아프리카공화국, 터키, 브라질 등 훨씬 더 많은 국가로 특파원을 파견합니다. 꼭 특파원이 아니라 해도 국제적인 테러 사건처럼 큰 사건이 터지면 국내 기자들이 현지로 급히 달려가 취재하는 경우도 있습니다.

2015년 11월, 전 세계를 놀라게 한 파리 테러 사건이 있었습니다. 파리의 바타클랑 극장과 축구 경기장 인근 등 일상 공간에서 민간인들을 무차별로 살상한 테러였어요. 이슬람 수니파 무장단체 이슬람국가(IS) 소행으로 밝혀진 이 테러 사건 때문에 유럽을 비롯한 전 세계에 긴장감이 돌았지요. 국내 언론사들도 테러 사건 직후는 물론 사건이 발생하고 난 지 한참 뒤까지도 현장 취재를 내보냈습니다.

국제부에서는 영어가 필수입니다. 물론 다른 외국어도 능숙하면 좋고요. 요즘 학생들은 외국어 걱정을 많이 하는데요. 외국어를 유창하게 잘하면 취재 활동에 매우 유리합니다. 언제 어디서 외국어를 사용하게 될 일이 닥칠지 모르니까요. 하지만 영어에 능통하지 않더라도 크게 고민할 필요는 없습니다. 해외 출장을 가면 현지 코디네이터나 현지 통역사들을 섭외할 수 있으니까요. 영어는 취재의 수단에 불과합니다. 가장 중요한 본질은 취재 자체와 기사 쓰기이지요. 이 점을 꼭 기억했으면 좋겠습니다.

기자의 본래 임무는 취재 잘하기와 좋은 기사 쓰기다.

문화부

문화부는 요즘 젊은 기자들이 많이 선호하는 부서 중 하나입니다. 요즘 세대는 옛날 사람들보다 문화에 대한 감수성이 뛰어나고 일찍부터 다양한 문화를 접해왔기 때문에 문화부를 더욱 선호하는 것 같습니다.

문화부는 크게 책, 학술, 문학, 클래식 공연, 종교 등 고전적 영역을 담당하는 곳과 TV 드라마, 영화 등 엔터테인먼트 쪽을 다루는 부서로 나눌 수 있는데요. 회사 사정에 따라 부서를 나누는 곳도 있고, 합친 곳도 있습니다.

우선 고전적 영역의 문화부는 책, 학술, 문학, 문화재, 종교, 공연, 미술, 건축 등에 관련된 취재 및 기사 작성 업무를 맡습니다. 신간 서적을 미리 읽고 서평을 쓰는 기자에겐 매주 수십 권의 책이 배달됩니다. 하지만 한 명의 기자가 혼자서 이 모든 책을 읽고 서평을 쓰기란 매우 힘든 일이어서 대개 편집국 안의 여러 기자들이 나눠서 읽고 기사를 씁니다. 그렇지만 주로 서평을 담당하는 기자가 있게 마련이어서 한 주의 책을 선정해서 깊이 분석하고 기사를 쓰지요. 책 읽기를 좋아하는 기자들에게는 더할 나위 없이 좋은 부서겠지요?

대중문화 영역을 다루는 엔터테인먼트 담당 기자는 트렌드에 민감해야 합니다. 유명인을 인터뷰하거나 영화 시사회에 참석하여 관람한 뒤 감상평을 쓰기도 해요. 또한 현 시점에서 대중에게 인기 있는 드라마나 예능 프로그램을 살펴보면서 대중의 코드를 찾아내서 분석하는 기사도 쓴답니다. 단순한 호기심만으로는 차별화된 기사를 쓸 수 없기 때문에 대중의 심리를 잡아내고 인기의 근거를 분석하는 통찰력, 그리고 자신만의 독특한 시각을 갖추어야 해요. 일례로「삼시세끼」라는 TVN 예능 프로그램이 인기를 끌었을 때, 이 프로그램이 왜 대중의 호감을 자극하고 인기 몰이를 했는지 그 이유를 분석한 기사들이 호평을 받았더랬지요.

산업부

산업부 소속 기자들은 주로 기업을 담당합니다. 기업이라고 하면 정말 숫자가 많은데요. 산업부는 삼성전자, 현대자동차, SK텔레콤 등 국내 대기업을 비롯해서 중소기업까지 모두 맡습니다. 각 기업이 내놓은 신제품을 소개하거나 서비스에 관련된 정책—예를 들면 통신정책— 등을 포괄적으로 담당하지요. 경제신문에서는 신문의 특성상 중소기업을 전담하는 부서, 벤처기업을 전담하는 부서 등으로 세분화됩니다.

앞에서 정치부가 어렵고 힘들다고 했지만, 산업부는 또 다른 의미에서 어려운 부서입니다. 국회나 관공서 같은 곳은 국민을 상대하는 공적인 기관이기 때문에 오히려 정보가 많이 공개되는 편입니다. 정치인들 경우에도 앞장서서 자신을 홍보하려고 하지만 기업은 다릅니다. 내부 정보가 공개되면 안 되는 비밀스러운 내용이 많고, 기업의 대표이사나 임원을 만나기도 어려워요. 가끔 텔레비전 뉴스를 보면 대기업 회장이 회사 로비에 서서 한마디 하는 것을 취재하기 위해 수십 명의 기자들이 몰려온 장면이 나오는데요. 그들 모두는 그 한마디를 취재하기 위해 이른 새벽부터 진을 치고 있었을 것입니다. 대기업 회장이 공적인 자리에 나서는 일은 흔하지 않은 탓입니다.

또 다른 애로사항으로 정보의 객관성과 신뢰성 문제를 들 수 있습니다. 이는 기업 취재의 가장 큰 어려움, 즉 정보 접근이 쉽지 않다는 문제와 연결됩니다. 자칫 기업에서 제공하는 홍보용 자료만 받아 이를 기사화할 경우 객관적인 기사를 쓰기가 힘들거든요. 따라서 산업부 기자들은 기업에서 제공 받은 자료 외에 기사를 객관화할 수 있는 정확한 분석 자료들을 검토하는 면밀함을 체득해야 합니다.

정책사회부

정책사회부는 말 그대로 사회 각 분야의 정책을 다루는 부서입니다. 어떤 신문사는 사회부 안에 정책 팀이라는 이름으로 구성된 경우도 있어요. 여기에서 담당하는 부서로 교육부, 보건복지부, 노동부, 환경부 등이 있습니다. 정책사회부 기자들은 해당 부처에서 발표하는 정책을 다루고, 사회에서 일어나는 각종 교육, 복지, 노동, 환경 등에 관련된 문제점들을 심도 있게 취재합니다. 평소 관심을 갖고 있던 분야라면 깊이 있게 들여다보고 관련 전문가를 접촉하면서 식견을 넓힐 수 있는 부서이기도 해요. 학창 시절부터 교육 문제에 관심 많았던 저는 교육부를 담당하면서 정말 재미있게 일했습니다. 관심 분야이다 보니 기사화할 내용도 눈에 더 많이 들어오더라고요. 다른 부서도 마찬가지지만 요새는 점점 이 분야만을 깊이 다루는 노동문제 전문기자, 환경문제 전문기자들이 하나둘씩 생겨나는 상황입니다.

스포츠부

스포츠부는 각종 운동 경기를 취재하는 부서예요. 운동을 좋아하는 사람이라면 스포츠부에 가서 신나게 일할 수 있지요. 이들은 대개 월드컵이나 올림픽이 열리면 해당 국가로 원정 취재를 갑니다. 일반인들은 여러 사정으로 직접 가서 경기를 관람하기 힘든데, 스포츠부 소속 기자들은 경기도 직접 보고 국내외 유명 선수들을 인터뷰할 기회를 얻으니 금상첨화입니다. 물론 우리나라와 밤낮이 다른 국가에 파견될 경우, 시차 문제로 몸이 피곤한 점도 있지만요.

예전의 스포츠부는 주로 경기 결과를 알려주는 기사를 썼는데요. 요즈음은 기사 형태가 많이 달라졌습니다. 경기 결과 정도는 그날그날 인터넷을 통해 바로 알 수 있는 정보이므로 그 이상의 정보를 담아야 하기 때문이에요. 따라서 현재 스포츠 기사는 경기 해설과 선수 인터뷰, 향후 경기 전망 등을 보다 심층적으로 다룹니다.

탐사보도 팀 또는 기획보도 팀

탐사보도(investigative journalism) 팀이란, 정치·경제·사회·문화 등 여러 부처 담당자들을 모아서 별도 팀을 꾸려 한 가지 주제를 집중적으로 취재하는 부서입니다. 매일 같이 쏟아지는 보도자료와 사건사고보다 특정 주제를 정해 직접 조사하듯이 캐내는 형태로 취재하는 부서입니다.

2016년 하반기 한국 사회를 강타한 이슈인 '최순실 게이트'가 단적인 예입니다. 이 사건은 지금은 정치적인 내용과 경제적인 내용, 법적인 내용, 교육적인 내용

모두 연관되어 있어서 언론사의 모든 부서가 다 같이 협업했다고 해도 과언이 아니지만 사건 초기에는 탐사보도 팀이 주요한 역할을 했습니다. 정부 예산과 대기업들이 돈을 지원한 재단을 찾아내고 그 재단이 대통령과 친하다는 최순실 씨와 연관되어 있다는 사실들을 하나씩 밝혀낸 것입니다. 이 과정에서 내부 제보자가 나오기도 하고, 관련된 사람들이 입을 열도록 설득하기도 하고, 사무실 밖에서 관련자들이 혹시라도 떨어뜨리고 간 물건은 없는지 시간을 들여 기다리고 취재했지요. 이 같은 탐사보도 팀은 각 사안마다 단기적으로 조직하기도 하고, 상시적으로 두는 언론사도 있는 만큼 형태는 다양합니다.

신문의 탄생

여러분, 집이나 회사로 매일 배달되는 신문은 어떻게 만들어질까요? 컴퓨터로 기사를 써서 보내면 이것을 모아 프린트하면 뚝딱 신문이 만들어질까요? 아닙니다. 신문 하루치를 만드는 데에는 수백 명의 사람이 필요합니다. 그만큼 여러 단계를 거쳐야 하고요. 보통 '취재 및 기사 작성 ⇨ 편집 ⇨ 조판 ⇨ 인쇄 ⇨ 포장 및 발송' 과정을 거칩니다.

1단계 취재

우선 가장 기본적인 것은 취재입니다. 기자가 현장에서 주요 인물에게 취재한 내용을 기록하거나 어떤 사건의 전모(全貌)를 육하원칙에 따라 꼼꼼히 적어 기사를 작성합니다. 이때 기자들은 노트북을 가지고 다니면서 현장에서 직접 취재한 내용으로 기사를 작성해 신문사 편집국으로 보냅니다. 호랑이가 담배 피던 시

절에는 기자가 원고지에 쓴 기사를 전화로 읽어주는
경우도 있었대요. 자판기와 팩스가 상용화된 후로는
기사를 팩스로 전송했고요. 다 옛날이야기죠? 지금은
인터넷을 이용해서 순식간에 전 세계로 기사가 나가
는 세상이잖아요.

2단계 편집

이렇게 밖에서 취재기자는 기사를, 사진기자는 사진
을 보내면 회사 안에서 데스크라고 불리는 국장, 부장
들이 모여서 편집회의를 엽니다. 매일 세 번 이상 회

신문 기사 편집

의가 열리는데요. 이 과정이 2단계인 편집 과정입니다. 편집회의에서는 어떤 기사를 넣고 뺄지, 또 어떤 기사를 1면에 넣을지, 톱기사로 다룰지, 조그맣게 쓸지 논의합니다. 지면 배치와 함께 제목과 소제목을 결정하고요.

현장기자가 보내온 기사를 차장과 부장이 다시 읽어보고 방향을 조정하는 과정도 거쳐요. 이 과정은 '데스킹'을 한다고 표현해요. 데스킹을 거친 기사는 교열 팀으로 넘겨져 맞춤법과 띄어쓰기, 외국어 표기법 등을 맞게 썼는지 확인받습니다.

3단계 조판

이렇게 해서 기사가 완성되면 이것을 신문 지면에 보기 좋게 배치하는 과정을 거칩니다. 이를 '조판'이라고 해요. 신문에 레이아웃을 하는 작업입니다. 제목 크기를 조절하고, 기사를 세로 박스로 놓을지, 가로로 길게 늘여서 배치할지 고민하는 거예요. 신문에는 뉴스기사 말고도 날씨, 광고 등이 들어가기 때문에 이와 잘 어울리게 예쁘게 배열하는 작업도 매우 중요합니다. 조판 과정은 기자가 하지 않습니다. 이 작업만 전문적으로 하는 직원이 따로 있거든요.

신문 조판

4단계 인쇄

자, 이제 인쇄 단계로 넘어갑시다. 신문을 인쇄하는 기계를 '윤전기'라고 부릅니다. 컬러 인쇄는 빨강, 노랑, 파랑, 검정의 네 가지 색깔을 합쳐 모든 색을 만들어 내지요. 윤전기에서 빠른 속도로 인쇄한 것을 재단기가 받아 우리가 보는 신문 크기로 자르고 접는 작업을 합니다. 이 모든 과정은 컨베이어 벨트처럼 자동으로 이루어져요.

지금은 전자화돼서 인쇄하는 데 사람의 노동력이

△신문을 찍어내는 윤전기
▷신문 인쇄

필요하지 않은데요. 예전에는 편집국에서 들어온 기사를 '가' '나' '다'와 같이 자판기처럼 직접 활자를 만들어야 했어요. 이 과정에서 실수로 대통령의 이름을 잘못 써서 큰일 날 뻔했다는 일화도 전해집니다. 물론 지금은 모든 언론사의 인쇄 과정이 다 자동 시스템으로 돌아가지만요.

5단계 포장 및 발송

마지막은 포장 및 발송입니다. 각 지역별로 나갈 신문을 묶고 포장해서 이를 나누어 트럭에 실은 다음 전국으로 배송하지요. 우리는 집에서 편하게 신문을 받아

신문 포장

보지만 신문은 이처럼 여러 사람의 땀방울이 모여 만들어지고 배달됩니다.

신문 배송

게이트 키핑과 **편집국**의 하루

온라인이 발달하면서 많은 뉴스가 인터넷상에 뜨지만 사실 세상의 모든 일이 신문과 뉴스에 나오는 건 아니에요. 뉴스로 다루어지지 않는 내용도 많습니다. 기자들이 기사화 여부를 두고 취사선택을 하기 때문인데요. 기사 중에는 매일 매일 발생하는 사건을 취재한 것도 있고, 사회 현상을 둘러보면서 문제점을 지적하는 기획 기사도 있습니다. 일반인들이 언론사로 직접 연락해서 취재를 요청하는 이른바 '기사 제보'에 따라 취재를 결정해서 기사를 쓰는 경우도 있고요. 그렇다면 이 많은 '재료'들이 어떤 과정을 거쳐서 기사로 탄생하는 걸까요? 신문사 편집국의 하루를 함께 돌아보겠습니다.

매일 아침 취재기자는 오전 9시~10시 사이 현장에 나가 그날 중요한 일을 보고합니다. 각 부서별로 중요한 사건과 일정이 있을 텐데요. 기자 개인의 아이디어를 발판으로 기획한 기사를 비롯하여 편집국 내에 수많은 기자들이 정치, 경제, 사회, 문화, 스포츠 등 각 부서별로 보고를 올립니다.

예를 들어볼까요? 정치부에서는 대통령이 오늘 담화문을 발표한다는 소식과 여당과 야당이 국회에서 법안을 놓고 기 싸움을 벌이고 있다는 소식이 올라옵니다. 경제부에서는 오늘 금리를 인하할 것이라는 소식과 함께 주식시장이 몇 년 만에 최고치를 기록했다는 내용이 올라와요. 사회부에서는 교통사고로 30여 대의 차량이 추돌했다는 보고가 있었고, 문화부에서는 유명한 외국 연주자가 방한했다는 소식을 들려줍니다. 국제부에서는 외국에서 테러가 발생했다는 소식이, 산업부에서는 국내 대기업들이 신규 투자 계획을 발표했다는 기사가 올라옵니다. 스포츠부에서는 오늘의 야구나 축구 경기, 유명 선수의 이적(移籍) 소식 등등 다양한 스포츠 관련 내용이 있을 테지요.

그런데 이 모든 내용을 지면에 실을 수가 없습니다. 한계가 있으니까요. 또 신문에는 1면, 2면, 3면 등 순서가 있답니다. 특히 1면과 3면은 각 신문사마다 가장 중요한 지면으로 여기므로 대개 그날의 핵심 뉴스를 1면과 3면에 배치합니다. 우리 신문사가 가장 중요하

게 여기는 가치를 담은 뉴스를 1면과 3면에 싣는 건데
요. 1면은 제일 먼저 보게 되는 지면이고, 3면은 신문
첫 장을 펼쳤을 때 오른쪽에 있어서 가장 눈이 먼저
가는 지면이라 중요하게 여깁니다.

　이렇게 현장기자들이 보고를 하면 각 부서의 부장
들이 모여서 편집국 회의를 합니다. 앞에서 설명했듯
이 하루에 2~3번 가량 진행하는데요. 각 부서별로 이
러저러한 보고가 올라왔는데 어떤 내용을 1면에 싣
고, 어떤 내용을 3면에 실을지 토론하고 논의하는 것
입니다. 그 과정에서 그날의 톱기사를 결정하지요. 또
한 이 자리에서는 어떤 사진을 1면에 쓸지 여부도 결
정합니다. 아무래도 사진이 눈에 가장 먼저 들어올 테
니까요.

　물론 부서별 회의도 있습니다. 경제부에서는 경제면
에 어떤 기사를 제일 크게 쓸지, 작게 써도 되는 기사는
무엇인지, 빼도 상관없는 것은 어느 기사인지 회의를
통해 결정하는 거예요. 신문을 보면 기사마다 크기가
다르잖아요? 중요하다고 생각하는 기사를 분량도 많
이, 차지하는 면도 더 크게 지면을 잡는 것입니다.

　지면이 결정되는 과정을 보면 신문사들이 추구하는
가치가 드러나게 마련인데요. 환경 문제를 중요하게

생각하는 회사라면 환경에 대한 기사를 더 크게, 더 자주 다루겠지요. 또 경제가 중요하다고 생각하는 회사는 경제 이슈와 경제인들 이야기를 더 많이 쓸 것이고요. 그래서 여러 신문을 비교해서 읽어보면 재미있는 현상들, 즉 각 신문사가 추구하는 방향을 알 수 있습니다.

'선택'의 과정을 거쳤다는 것은 분명 '탈락'되는 기사도 있다는 뜻인데요. 예전에는 '탈락'되는 기사는 거의 보도되지 않았답니다. 그대로 잊히는 것은 물론 세상에 알려지지 않은 탓에 아무도 모르고 지나가기 일쑤였어요. 그러나 요즈음은 인터넷이라는 공간이 있기 때문에 비록 신문 지면에서 탈락되더라도 인터넷상에선 보도하는 경우도 많습니다. 어떻게 보면 우리 모두가 '기사의 홍수' 속에서 살고 있다고 해도 과언이 아니지요. 모든 내용을 시시콜콜 다 알 수 있는 여건을 갖춘 셈이잖아요.

자, 여기서 조금 어려울 수 있는 개념을 하나 짚고 넘어갈까 합니다. 지금까지 제가 뉴스가 선택되는 과정을 설명했는데요. 이 과정을 전문적인 용어로 '게이트 키핑(Gate Keeping)'*이

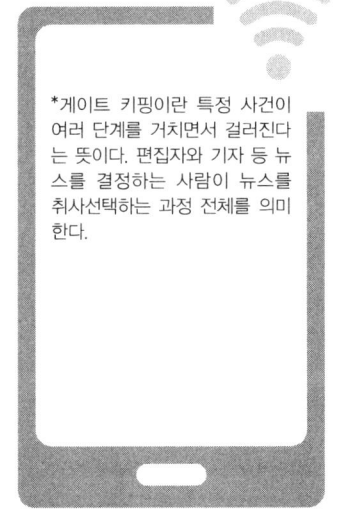

*게이트 키핑이란 특정 사건이 여러 단계를 거치면서 걸러진다는 뜻이다. 편집자와 기자 등 뉴스를 결정하는 사람이 뉴스를 취사선택하는 과정 전체를 의미한다.

라 합니다.

취재하는 과정에서도 어떤 뉴스는 선택되고 어떤 뉴스는 사라지며, 선택된 뉴스라 하더라도 '어떻게' 보도되느냐에 따라 기사의 관점이나 보도 방향까지 달라지거든요. 이 모든 일들이 게이트 키핑에 속합니다. 같은 사건이라도 언론사마다 다르게 보도할 수 있고, 또 어떤 부류의 특정 사건은 게이트 키핑 과정에서 수정되거나 왜곡되기도 합니다.

전 국민의 마음을 울렸던 세월호 사건을 돌이켜볼까요? 이때는 '다이빙벨'* 사건이 논란의 도마 위에 올랐습니다. 다이빙벨은 인터넷상에서는 굉장히 많이 떠들썩했고 이슈가 되었는데 정작 언론사에서는 그리 비중을 두고 보도하지 않았거든요. 특정 방송사 한 곳에서만 이 일을 비중 있게 다루었지요. 이처럼 사건을 하나 두고 어느 언론사는 택하고 어느 곳은 택하지 않는 것을 게이트 키핑이라 하는 것입니다.

세월호 시신 수습이 한창 진행되던 때 몇몇 언론사에서 '내수부진, 경기침체' 우려라는 내용으로 기사를 내보내기 시작했는데요. 사실 이런 시각은 암묵적으로 세월호 이야기를 그만하자는 신호

*잠수종(潛水鐘) 또는 다이빙벨 (diving bell)은 바다 깊이 잠수하는 데 사용하는 단단한 챔버. 보통 습식 종(wet bell) 및 폐쇄형 종(closed bell)을 사용한다. 수중 탐색 기구로서 수중 작업 및 해양 구조에서 전문 잠수부들이 이용하는 이 벨은 배나 바지선에서 유압 또는 공압 윈치를 통해 와이어로 물속으로 내려 보낸다.

로도 비춰집니다. 반면 다른 언론사에서는 상당히 오랫동안 세월호 문제를 파고들었지요. 여전히 문제점을 지적하면서 팽목항에 나가 그때까지도 돌아오지 못한 실종자 가족들을 조명했지요. 이것도 게이트 키핑의 하나입니다. 세월호 사건 이후라는 똑같은 상황이지만 바라보는 관점은 다르잖아요?

그런데 이렇게 게이트 키핑을 하게 되면 큰 힘을 가진 언론사가 내세우는 방향대로 여론이 움직인다는 문제점이 있습니다. "언론이 공정해야 한다"고 주장하는 가장 큰 근거인데요. 한편으로는 바로 이런 점 때문에 언론을 무서운 존재라 일컫는 것입니다. 학자들이 언론을 '제4의 권력'이라 표현하는 것처럼요.

언론은 여론을 움직이므로 특히 공정해야 한다.

예비기자 휴게실

대표적인 신문사 견학 프로그램

신문의 제작 과정을 직접 눈으로 볼 수 있도록 견학 코스를 마련해놓은 언론사가 있습니다. 컴퓨터가 발명되기 이전에 신문은 어떻게 만들어졌는지도 볼 수 있고, 거대한 인쇄기도 직접 볼 수 있으니까 여러분도 한번 방문해보세요.

〈조선일보 미디어체험관〉

신문기자가 되기 위한 기사 작성법과 신문 제작 과정을 배울 수 있어요.

＊ 매주 월요일 휴무

＊ 관람 시간 : 오전 10시~오후 6시

＊ 홈페이지(http://newseum.chosun.com/)를 통한 사전 예약 필수

＊ 최소 8명 이상이어야 신청 가능

〈동아일보 신문박물관〉

한국 신문 130년 역사를 돌아볼 수 있습니다. 관람객이 직접 참여하여 기사를 써서 신문을 1부씩 만들어 볼 수도 있고요.

＊ 매주 월요일 휴무

＊ 오전 10시~오후 6시

이 밖에 공식적인 견학 프로그램이 없는 언론사라고 해도 개별적으로 연락하면 간략하게나마 신문사를 안내해주는 곳도 있습니다. 관심 있는 신문사에 직접 연락하시면 됩니다.

기자협회 언론사 현황

아래의 링크에 들어가면 우리나라의 언론사 현황을 볼 수 있습니다. 협회 소개는 물론 역대 회장단이나 현재의 조직도를 비롯하여 기자상을 수상한 사람 등 여러 가지 유용한 자료들이 정리되어 있으니 꼭 들러 보시기 바랍니다.

http://www.journalist.or.kr/home/company.html?p_num=10

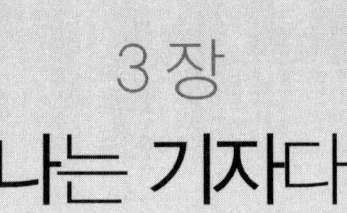

3장
나는 기자다

기자가 되는 데 필요한 **자질**들

어떤 직업이나 그 일을 하는 데 100퍼센트 적합한 사람이나 자질은 없습니다. 특별한 능력이나 성향, 기질, 건강 상태 등을 고려할 수는 있지만, 영화나 소설에서 보는 것처럼 '타고난 영웅'이라든가 '타고난 변호사' 등은 현실에 드뭅니다. 대개 '이러저러한 데 소질이 많으니 OOO일을 하면 좋겠다'는 식이지요. 물론 어린 시절부터 "나는 대기업 회장이 되고 말 테다!" 하고 결심한 뒤 기어이 그 꿈을 이루는 사람들도 더러 있지만요. 그러니까 우리는 기자라는 직업을 가질 만한 충분조건을 살펴봅시다.

세상에 대한 관심과 호기심

뉴스는 어려운 게 아니고 특별한 것도 아니에요. 물론 평범한 이야기보다는 특이한 이야기가 많이 소개되지만, 결국은 우리 주변에서 일어나는 일에 대한 이야기가 뉴스입니다. 흔히들 신문과 뉴스를 '세상을 보는 창'이라고 말하는데요. 지금 내 가족이나 친구들 주변에서 일어나는 일은 잘 알 수 있지만, 다른 지역에서 벌어지는 사건이나 나보다 나이가 훨씬 더 많은 어른들의 이야기, 혹은 외국 사람들 이야기는 잘 모릅니다. 그래서 신문과 방송이 이런 이야기들을 들려주지요. 이처럼 가급적 세상의 모든 것을 다루려 하므로 기자가 되려는 사람은 무엇보다 세상일에 관심이 많아야 합니다. 따라서 나만의 세계에 빠져 있기보다 주변 문제에 관심을 많이 갖고 호기심 많은 친구들에게 어울리는 직업입니다.

특히 "왜?"라고 자주 질문하는 친구들이라면 기자 일을 잘할 수 있을 거예요. 여러분이 만일 기자가 되고 싶다는 마음을 품었다면, 주변에서 일어나는 일에 "왜?"라고 질문해보세요. 요즘 많이 달라지기는 했지만 아직까지도 우리나라 사회는 "왜?"라고 질문하는 사람을 이상하게 보는 경향이 있어요. 제가 학교 다닐 때만 해도 수업시간에 손을 들고 질문하는 학생들이 많이 없었어요. 분위기가 그냥 그랬지요. 어른들에게 "왜 그런데요?" 하고 물으면 대답을 속 시원하게 해주기보다 구박하는 경우도 많았고요. 그렇지만 좋

궁금증은 곧 관심이다.

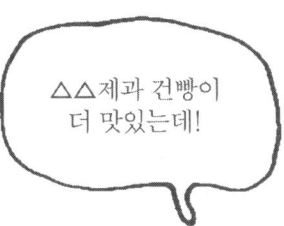

은 기사들은 대개 "왜?"라는 질문에서 시작됩니다.

관심에서 비롯하여 호기심으로 묻는 질문 그 자체가 바로 기사가 될 수 있습니다. 예를 들어서 "우리 학교 매점에는 왜 특정 회사 제품의 과자만 들어올까?"라는 질문을 던져볼 수 있겠지요. 보통 친구들이라면 불평불만만 터뜨리고 말텐데 질문을 던지면서 그 내막을 캐보다 보면 뭔가 답이 나오거든요. 그런 행동 자체가 바로 취재고요.

그러고 보면, 원래 그랬는지 아니면 기자가 되고 난 이후에 바뀐 건지 잘 모르겠지만, 저도 "왜?"라는 질문을 일상생활에서도 자주 합니다. 별 일 아닌데도 "왜?"라는 질문이 저절로 튀어나오거든요. 아마 직업적 성격이겠죠?

비판적 시각

예전에 기자가 되기 위해 시험 준비를 할 때 입사지원서에 기자를 '119대원'에 비유해 쓴 적이 있습니다. 이유가 뭔지 궁금하지요?

기사를 보면 좋은 뉴스도 있지만 비판적 시각을 담은 뉴스도 많은데요. 예를 들어 고위직에 있는 유명 인사가 무슨 잘못을 저질렀다거나, 정책이 제대로 설

계되지 않아 애꿎은 사람들의 피해가 양산된다거나, 정부 지원이 되지 않아 힘들게 살고 있는 서민 이야기 등등이 그런 뉴스에 속합니다. 이처럼 사회의 어두운 부분은 기자가 이를 취재하고 기사를 써서 조명함으로써 비로소 세상에 드러나게 됩니다.

여러분, 응급 상황이 발생하거나 환자가 연락했을 때 가장 먼저 달려가는 사람, 사고가 일어났을 때 가장 먼저 달려가는 사람이 누구일까요? 예, 119 대원입니다. 119 대원들이 가장 먼저 달려가 상황을 파악하고 구조의 손길을 내밀거나 환자에게 응급 치료를 실행한 뒤 근처 병원에 인계하지요. 물론 환자를 제대로 치료하는 사람은 의사이고요.

저는 기자들이 119 대원과 같은 일을 하는 사람이라고 생각합니다. 우리 사회의 어두운 곳에 먼저 다가서서 빛을 비추어주니까요. 즉, 우리가 잘 모르지만 사회에는 이런 어두운 구석이 있다, 이러저러한 문제가 있다고 세상에 알리는 역할을 하는 것이지요. 하지만 기자는 세상에 알려주는 역할만 할 뿐입니다. 문제가 있다고 해서 기자가 직접 나서서 문제 자체를 해결할 수는 없으니까요. 해결의 주체는 정부나 학교 등이고요. 저는 이처럼 해결할 수 있는 힘을 가진 이들에게 우리 사회에서 이 부분이 병들고 있다고 알려주는 역할을 하는 게 기자라고 생각합니다. 정부나 학교 등 여러 기관이나 단체에서 문제점을 올바로 인식하고 이를 해결할 수 있도록 다리를 건너게 하는 역할을 도맡는 것입니다.

사회의 문제를 누구보다 먼저 인식하려면 어떻게 해야 할까요? 우선 비판적 시각을 가져야 합니다. 무조건 '좋은 게 좋은 거'라는 생각을 가지고 세상을 바라보면 문제가 잘 보이지 않아요. 항상 사건의 이면에 무슨 의도가 있을까, 혹시 다른 문제점은 없을까 하고 여러 번, 여러 각도에서 다양하게 바라보면서 고민해야 합니다. 말 그대로 끊임없이 의심하는 거예요.

그래서 기자에게 "왜?"라는 질문은 굉장히 중요합니다. 단순히 사건이 언제 일어났나, 누가 일으켰는가… 하는 정도만 고민한다면 기자가 되었다 해도 평범한 상황 전달밖에 할 수 없습니다. 그러나 "왜?"라는 질문을 집요하게 던지는 순간, 비판적 시각을 가진 남다른 기사가 탄생하게 되지요.

인터뷰 능력과 친화력
기자는 한마디로 사람을 만나는 직업입니다. 거의 매

다양한 각도에서 분석하고 깊이 성찰하라.

일 새로운 사람을 만난다고 해도 과언이 아니지요. 취재하는 내용이 날마다 달라지니까 기자가 만나는 사람도 달라집니다. 예를 들어 취재 대상이 동물이어도 그 동물을 소개해주는 사육사를 만나야 하니 결국 사람을 취재하게 되잖아요? 책을 소개하는 경우라 해도 저자 인터뷰를 할 수 있으니 이 또한 사람 취재이고요. 그래서 사교성이 있고 주변과 잘 어울리는 친화력이 많은 친구가 아무래도 기자 일을 하는 데 유리합니다.

대답하기 쉽고 친근한 질문에서 속 깊은 질문으로!

일반인들은 기자가 질문을 딱 던지면 굉장히 낯설어 하고 어색해합니다. 종종 긴장하고요. 괜히 말을 잘못했다가 큰 일이 날 수 있다고 생각하거나 자신의 이야기를 가감 없이 털어놓았다가 불편한 상황이 벌어지면 어쩌나 걱정하기도 합니다. 기자들이 인터뷰하는 일이 생각보다 쉽지 않은 이유이지요. 이럴 때 상대방이 좀 더 편하게 자신의 이야기를 꺼낼 수 있도록 기자가 분위기를 부드럽게 만들어줘야 하는데요. 일단은 가벼운 질문부터 던지면서 점점 깊은 이야기를 나누는 것이 좋습니다. 이런 것도 일종의 스킬이라 할 수 있겠네요.

일반인이 아닌 유명 인사를 인터뷰할 때는 사전 조

사가 필수입니다. 상대방이 과거에 어떤 일을 해왔고, 어떤 직책을 거쳤으며, 어떤 말을 했는지, 어떤 글을 썼는지 샅샅이 알아보는 거예요. 그래야만 취재 대상이 과거에 어떤 의도로 발언을 했는지, 발언의 취지는 무엇인지 이해할 수 있고, 더불어 현재의 생각과 비교하며 차이점을 찾아낼 수 있으니까요.

사전 조사를 잘 해두면 상대방에게 친근감을 줄 수 있습니다. 우리도 나를 잘 이해하는 사람을 만나면 기분이 좋잖아요? 그런 것처럼 사전 조사를 충분히 하고 사람을 만나면 '어, 기자가 나에 대해 많이 아네!' 하면서 호감을 느끼게 된답니다. 이와 반대로 적절한 사전 조사 없이 덜렁 취재 현장에 나가면 상대방이 하는 말만 받아 적다가 돌아올 수 있어요. 이럴 경우 기사의 정확성과 신뢰도에 문제가 생길 수 있으므로 기자라면 반드시 취재 전 사전 조사가 필수라는 것, 잊지 맙시다.

여러분의 이해를 돕기 위해 제가 2015년에 썼던 '존 리 메리츠자산운용 대표 인터뷰' 기사와 인터뷰를 위해 준비했던 질문지를 소개할게요. 인터뷰는 대개 사전 조사를 통해 해당 인물을 탐구한 다음 질문지를 바탕으로 진행하는데요. 실제 대화를 하면서 새로운 질문을 추가하기도 합니다. 질문 순서도 대화를 주고받으며 변경할 수 있고요. 상황에 맞게 유동적으로 질문하는 것입니다. 저는 아래와 같은 질문을 준비했어요.

- ◆ 왜 국내에서 작은 회사에 속하는 메리츠자산운용으로 왔나?
- ◆ 외국계에만 있었는데 한국으로 돌아온 이유, 계기, 그리고 1년 한국 금융을 겪어보신 소감은 어떤가?
- ◆ 회사를 금융회사들이 몰려 있는 여의도가 아닌 북촌으로 옮겨간 이유는?
- ◆ 청소년 대상 강의를 많이 한다고 들었다. 무슨 내용으로 하는지?
- ◆ 경제 이야기를 해보자. 우리나라는 지금 일본처럼 저성장 시대인데 일본 따라 간다는 말이 있다. 어떻게 생각하는지?
- ◆ 장하성 펀드도 운영했는데, 우리나라 지배구조가 그때보다 나아졌나?
- ◆ 다시 지배구조 펀드 같은 것을 만들 의향은?
- ◆ 미래의 삼성전자와 같은 주식을 찾았나?
- ◆ 초보가 펀드를 고르는 방법은?

- 한국 사람들은 펀드도 지수에 따라서 많이 한다.
  2000 넘으면 환매 금액이 확 늘어난다.
- 어떻게 펀드 매니저가 되었나?

그러고는 이를 바탕으로 다음과 같은 기사를 썼씁니다. 2015년 4월 6일자 〈경향신문〉에 올라온 기사입니다. 함께 보실까요?

주식은 자본가와 동업의 길⋯ 장기 투자로 노후 준비해야
'단 1개의 펀드로 수익률 25%' 메리츠자산운용 존 리 대표

지난 1년간 단 1개의 펀드를 운용해 25%의 수익률을 내며 펀드 성적 꼴찌 회사에서 변신한 메리츠자산운용은 사무실을 여의도가 아닌 북촌 한옥마을에 두고 있다. 사옥을 옮긴 이는 지난해 1월 취임한 메리츠자산운용의 존 리 대표(57)다. 미국 월가의 유명 펀드매니저로 한국 시장에 투자하는 최초의 뮤추얼펀드 '더 코리아펀드'를 운용해 이름을 알렸고, 2006년에는 장하성 고려대 교수와 함께 한국기업지배구조펀드인 '장하성 펀드'를 만든 그는 왜 사옥을 북촌으로 옮겼을까.

봄비가 내리는 지난 2일 북촌 사무실에서 만난 존 리 대표는 주식투자는 자본주의 사회에서 '자본가와 동업자가 되는 길'이라고 강조했다. 그는 아무리 잘나가는 대기업이라도 기업지배구조가 나쁘면 투자하지 않는다는 원칙을 소개하면서 "앞으로 더욱 좋은 기업지배구조를 갖추지 않고서는 기업이 생존할 수 없다"고 강조했다. 그는 인터뷰 도중 선행학습으로 대표되는 한국의 교육 현실을 비판하며 "사교육비에 돈을 쏟아 붓는 것은 가장 잘못된 투자"라고도 했다.

- 사옥을 왜 북촌으로 옮겼나.

"원래 강원도로 가려 했는데 중간 단계로 북촌을 택했다. 한국은 전부 여의도에 몰려 있다. 옆에 (경쟁사가 있으니) 함께 있어야 한다는 거다. 다른 생각을 할 줄 모른다. 자유로운 생각을 해야 주식투자의 아이디어가 나온다. 그래서 직원들에게 쓸데없는 일을 줄이도록 했다. 점심도 2~3시간씩 먹고 출퇴근도 알아서 하도록 하고 있다."

- 미국 생활 35년을 접고 한국에 돌아온 이유는.

"한국 펀드시장이 잘못됐다고 느꼈고 주식시장에 대한 철학을 바꾸고 싶었다. 한국은 금융면에서 생각보다 훨씬 후진국이다. 옷차림이나 자동차, 경제는 선진국 수준인데

금융·투자 분야에선 놀라울 정도다. 메리츠자산운용에 처음 왔을 때도 많이 놀랐다. 직원들이 퇴직연금 펀드를 팔면서도 정작 본인들은 퇴직연금에 가입하지 않았다. 펀드 파는 자격이 없는 셈이다."

- 한국에선 '주식투자 하면 망한다'는 인식이 강하다.

"주식을 믿지 않는 문화, 투자하지 않는 문화가 강하다. 주식은 '자본가와 동업자가 되는 좋은 길'이다. 자본주의에서는 자본가가 돈을 번다. 회사를 차리면 좋지만 그렇지 못하니 주식투자를 해서 자본가가 되라는 것이다. 그런데 한국 TV 드라마에선 엄마가 아들한테 주식투자 하지 말라고 가르치고, 경제학 교수들 중에도 주식투자 하지 말라고 하는 분들이 있다. 퇴직금은 전부 은행에 예금한다. 원금보장이라는 마법에 걸려 있다. 한국사람들은 돈을 좋아하면서도 멀리 하라고 가르친다. 주식투자를 사고파는 수단으로만 간주하기 때문이다. 한국은 나이 50대 들어 퇴직금만 받고 사회에 내던져져 치킨집, 편의점을 차린다. 주식투자 할 돈은 없다면서도 커피 마시고 술 마시고 여행 간다. 모두 노후에 가난해지려고 애쓰는 격이다. 장기 주식투자로 노후를 준비해야 한다."

- 청소년과 일반인들을 대상으로 강연을 자주 하는데.

"청소년들을 만나서는 '공부하지 말라'고 이야기한다. 선행학습 하지 말라는 캠페인이라도 하고 싶을 정도다. 아이들 과외시킬 돈이 있으면 주식을 사줘라. 앞으로의 시대는 창의적인 아이디어를 내놓는 게 중요하다. 4가지 중 하나를 고르라는 교육으론 애플 같은 회사를 만드는 창의적인 사람이 나올 수 없다. 경쟁자는 내 옆에 앉은 짝이 아니라 전 세계에 있다. 30등 하는 아이가 공부하면 얼마나 힘들겠는가. 차라리 게임회사를 차리는 게 낫다. 가장 어리석은 투자가 사교육비 투자다. 사교육은 쓰레기통에 돈과 아이들을 함께 버리는 짓이다."

- 금융인이 아니라 교육자 같다. 교육 시스템을 바꾸라는 것인가.

"당연하다. 지금처럼 점수로 경쟁하는 교육으로는 안 된다. 인성교육, 창의적 교육을 할 수 있는 시스템을 만들어야 한다. 메리츠가 왜 갑자기 관심을 받았을까. 별것 아니다. 조금 다르게 했을 뿐이다. 여의도에 있을 이유가 없으니 사옥을 옮겼고, 펀드 숫자를 줄였다. 보고서 쓰는 문화나 회식하는 문화를 바꿔 창의적인 생각을 하도록 만들었다. 선진국에 들어서려면 생각과 교육을 바꿔야 한다. 여태까지 한국은 고도성장을 해왔지만 이제는 교육 개혁, 생각 개혁, 도덕성 개혁이 중요한 시대가 왔다. 그 기초가 결국 교육이다. 다른 사람과 다른 생각을 하도록 가르쳐야 한다. 획일적으로 만드는 게 가장 위험하다. 그런 회사나 나라는 침몰한다."

- 과거 '장하성 펀드'를 운용했다. 한국 기업의 지배구조
가 달라졌나.

"예전보다 많이 좋아졌고 희망적으로 본다. 예전에는 한
국에서 지배구조에 대한 분별력이 없었지만 이제는 인식이
생겨났다. 지배구조만으로 보면 신생기업들이 훨씬 훌륭하
다. 지금은 좋은 기업지배구조를 갖추지 않으면 생존할 수
없고 시가총액에도 큰 변화가 온다. 기업지배구조가 나쁜
회사는 대주주의 재산이 줄어들게 되어 있다. 기업지배구조
가 좋은 회사는 주가가 오르기 때문에 대주주도 변할 수밖
에 없다."

- '초보'가 펀드를 고르는 비법을 알려달라.

"간단하다. 펀드를 운용하는 팀의 역사가 얼마나 됐는지,
주식을 사고파는 회전율이 얼마나 되는지를 보면 된다. 회
전율이 높은 펀드는 고객의 돈을 들고 카지노에 가는 것과
같다. 회전율이 높으면 수수료가 높으니까 결국 내 돈을 가
지고 도박을 하는 것과 같다. 대주주가 자신의 회사 주식
을 자주 사고파는가. 주식을 하면 대주주처럼 생각해야 한
다."(원문보기: http://biz.khan.co.kr/khan_art_view.
html?artid=201504052128225&code=920301#csidxa8d81
ea7262117389bc08de550decb3)

빠른 시간 안에 요점을 잡아내는 능력

기자에게는 마감 시간이 있습니다. 요즘은 인터넷이 발달해서 언제든 기사를 보낼 수 있지만 신문 지면에 실으려면 정해진 시간 안에 기사를 보내야 해요. 그러려면 기사를 빨리 쓰기도 해야 하지만 사건의 요점을 빠른 시간 안에 잡아내는 능력을 갖추어야 합니다. 단숨에 이 일의 핵심은 무엇이고 어떤 점을 내세워야 하는지 빨리 정리해내는 거예요. 책을 읽을 때 속독해서 내용이 무엇인지 빨리 요약해내는 것과 비슷하다고 보면 됩니다. 학술적 활동은 어떤 분야를 오랫동안 연구하고 깊이 있게 파고들지만, 신문 기사는 그날그날 바로 소비되는 글이므로 무엇보다 빨리 상황을 판단해서 이를 기사로 만들어내는 게 중요하지요.

신속한 상황 판단과 정확한 핵심 파악이 중요하다.

기자가 되고 나서 수습기자 시절에 많이 연습하는 것 중에 하나가 바로 이런 능력을 극대화하는 일입니다. 사실 누구나 단번에 요점을 정확하게 파악하고 사건을 한 줄로 요약해내기란 쉽지 않습니다. 오랫동안 연습해야 하지요. 기자가 되면 선배들로부터 "그래서 야마가 뭔데?"라는 질문을 가장 많이 받게 되는데요. 사건의 주제를 한 줄로 요약해내는 일을 보통 "야마 잡는다"고 말합니다.

글쓰기 능력

기본적으로 기자는 글을 쓰는 사람이니까 글을 잘 써야 합니다. 매일 기사를 쓰는 게 주된 업무니까 글을 쓰는 걸 두려워하거나 어려워하면 아무래도 기자 일을 하기 힘들겠지요?

언론사 입사 시험에서 만나는 첫 번째 관문 역시 글쓰기 시험입니다. 보통 논술과 작문, 두 가지 영역으로 나누는데요. 논술은 시사 현안을 놓고 논리적으로 자신의 주장을 펼쳐나가는 글입니다. 신문의 사설을 좀 더 길게 쓴 형태라고 생각하면 되지요. 작문 시험은 주제어 하나를 놓고 그에 대한 자신의 생각을 쓰는 형태로 치러집니다. 이때 형식이나 내용은 마음대로 해도 되고요. 중요한 점은 논술과 작문 모두 제한된 시간 안에 써야 한다는 것입니다. 마감 시간을 지켜야 하는 직업적인 글쓰기이므로 시간 안에 맞춰서 쓰는 게 중요하지요.

기자가 되고 싶다면 글쓰기를 자주 하면서 빠른 시간 안에 원하는 내용의 글을 쓸 수 있도록 노력해야 합니다. 하지만 소설가나 문필가처럼 화려한 문장을 써야 하는 건 아니에요. 가장 기본적인 수준인 육하원칙에 맞게, 논리적으로, 비문 없이, 맞춤법에 맞는 글을

육하원칙에 맞는 논리적인 글을 쓰자.

쓰면 됩니다. 하지만 우리 친구들의 경우엔 지금 당장 빠른 시간 안에 글 쓰는 연습을 할 필요는 없어요. 입사 시험을 준비하는 단계에서 해도 충분하거든요. 지금은 시간을 들여서라도 자신의 생각을 논리적으로 풀어가면서 한 글자 한 글자 글을 완성해가는 연습이 더욱 중요합니다. 예를 들어 일기 쓰기는 글쓰기 능력을 키울 수 있는 좋은 습관입니다. 사소한 일이라도 자신의 하루를 정리해볼 수 있고, 그날 그 일이 왜 일어났는지 생각해볼 수 있으니까요. 일기를 좀 더 확장시켜서 하루에 벌어진 일 가운데서 특정한 주제를 골라 자신만의 논술문을 써보는 것도 좋은 방법이지요.

어느 정도 글쓰기에 익숙해졌다 싶으면 다른 사람에게 자신의 글을 보여주고 평가를 받아보세요. 혼자 쓰는 것으로 끝내버리면 나의 글에 무슨 문제가 있는지 발견하기 어렵답니다. 다른 사람이 보고 지적해주면 고치는 과정을 통해 글이 좀 더 나아지는 것을 경험하게 되지요. 실제로 언론사 입사 준비를 하는 대학생들은 대여섯 명씩 스터디 팀을 꾸려 각자 쓴 글을 돌려보면서 서로의 글을 평가해주기도 합니다.

적극성과 도전 정신

제가 사회부 사건 팀에서 초보 기자 시절을 보낼 때의 일입니다. 그때 강원도 수해 현장으로 나갔던 적이 있는데요. 회사의 명령은 수해 피해로 오지가 되어버린 마을에 들어가 마을 현장을 스케치해오라는 것이었습니다. 물이 넘쳐서 다리가 무너지고 전기도 끊긴 마을을 찾아가 마을 사람들이 음식이나 식수 등을 어떻게 조달해서 지내는지 취재하는 미션이었죠.

그런데 마을에 들어갈 방법이 없었습니다. 산사태 때문에 길이란 길이 다 막혔으니까요. 결국 저는 흙더미와 바위를 헤치고 걸어서 들어가기로 결심했습니다. 시간이 많이 걸려서 그렇지 갈 수 있겠다는 생각이 들었거든요. 갑자기 수해 현장으로 가라는 지시를 받았던 터라 저는 정장 차림에 샌들을 신은 채 길을 헤쳐 가며 들어갔습니다. 주변에서 혀를 내둘렀죠. 물론 저도 처음에는 망설였어요. 하지만 이런 상황을 피해서는 안 된다는 생각이 들었습니다. 2시간가량 걷다가 우연히 "방금 우회도로를 뚫었다"는 공무원을 만나게 되었는데요. 정말 얼마나 반가웠는지 모릅니다. 덕분에 저는 다른 길을 찾아 무사히 마을에 진입할 수 있었답니다.

저는 적극성이야말로 기자가 갖춰야 할 중요한 덕목이라 봅니다. 언제 어디서든 사건을 취재하겠다는 의지로 충만해야 하니까요. 사실 저는 다른 사람에게 무엇인가를 물어보는 데 서툰 사람이었습니다. 길을 잘 모를 때에도 열심히 지도를 찾았지 지나가는 사람에게 물어볼 생각은 잘 하지 않았거든요. 그런데 기자가 된 이후로는 길을 가다가 누군가를 붙잡고 물어보는 일에 아주 익숙해졌습니다.

적극성은 기자의 덕목. 질문하기는 기자의 본분!

취재를 하다 보면 일반인의 의견을 들을 일이 많아져요. 전혀 모르는 사람을 붙잡고 "당신의 생각은 어떻습니까?"라고 묻기도 하고, 모르는 길을 물어물어 찾아갈 때도 많지요. 이때 먼저 질문을 해야 하는데 쭈뼛쭈뼛하고 소심한 태도를 보이면 대답해주려던 사람도 그냥 지나치게 된답니다. 신뢰감이 생기지 않으니까요. '질문은 기자의 본분'이라고 생각하면서 어떤 상황에서든 또박또박 자신감 있게 질문을 던질 수 있어야 합니다.

저는 가장 불편했던 기억 중 하나로 유족 인터뷰를 들곤 합니다. 불의의 사고를 당해 마음 아픈 유족들에게 질문을 던진다는 것은 정말이지 힘든 일입니다. 하지만 취재를 하기 위해서 반드시 유족을 통해 주요 정보를 알아내야 하는 경우가 많은데요. 이럴 때에는 유족을 진심으로 위로하면서도 냉정함을 잃지 않는 자세로 취재에 들어가야 합니다. 물론 슬픔을 당한 유가족 앞에서 무리한 인터뷰를 진행하는 것은 도리에 어긋나는 일이니 그 수위를 기자 본인이 잘 조절해야 합니다. 어렵지요?

제 경험담을 하나 소개할게요. 경찰 팀 기자 시절, 사고로 가족을 잃은 유족을 취재했던 적이 있습니다. 그때 저는 질문을 먼저 하지 않고 유족의 손을 잡아드리고 한동안 가만히 슬픔을 나누었습니다. 생전에 어떤 분이셨는지 질문해야 했지만 일단 가족을 잃은 슬픔부터 위로하는 게 도리다 싶었거든요.

취재에는 분명한 정답이 있는 것도, 뚜렷한 가이드라인이 있는 것도 아닙니다. 각각의 상황에 맞게 스스로 판단해서 진행해야 해요. 취재가 단순히 상대방에게 질문하고 대답만 듣는 일이라면 누구든 다 할 수 있을 겁니다. 그러나 험한 현장에서 그야말로 몸을 던져야 할 때가 있게 마련이므로 기자 스스로 적절한 취재 방법을 생각해내고 이를 시도해보아야 할 것입니다.

체력

체력은 모든 직업의 기본입니다. 특히 기자에게는 더욱 중요한데요. 취재를 하다 보면 밤늦게까지 일하는 경우가 많이 생깁니다. 여러분도 텔레비전에서 유명한 정치인이나 현재 논란의 중심이 된 인물들이 경찰과 검찰에 출두하여 조사 받고 나오는 모습을 본 적이 있을 거예요. 그럴 때 기자들은 어떻게 할까요? 예, 밤을 꼬박 새며 기다립니다. 이슈와 관련 있는 당사자가 조사를 다 받고 나올 때까지 밤을 새면서 기다리는 거예요. 언제 나올지 모르니까 그냥 쭉 기다린답니다. 물론 하루쯤이야 견딜 만하겠지만 이런 일이 반복된다면 아무래도 몸이 힘들겠지요?

전 국민의 마음을 아프게 했던 세월호 사건이 벌어졌을 때도 진도군에 내려갔던 기자들은 거의 한 달가량을 그곳에서 보냈습니다. 편하지 않은 숙소와 낯선 환경에서 매일 매일 발로 뛰며 취재하는 일은 정신적으로는 물론 육체적으로 힘든 일이에요. 그래서 "결국은 체력이야!"라는 말이 나오나 봅니다.

어떤 분들은 빠르고 정확한 기사를 내보내는 데 꼭 필요한 신속함과 판단력은 머리에서 나온다고 믿는데요. 저는 반드시 그런 것은 아니라고 봅니다. 머리보다는 오히려 강한 체력에서 나온다고 생각해요. 건강이 나쁜 상태에서는 산뜻한 아이디어나 명료한 생각이 떠오르지 않을뿐더러 논리적이고 이성적인 판단을 내리기도 힘든 까닭입니다. 그러니까 "체력이 국력"이라는 말처럼 체력이 뒷받침되어야 일도 잘할 수 있는 거예요. 기자가 되기 전에도, 기자가 되고 나서도 평소 건강관리에 신경을 많이 써야 하는 이유입니다.

외국어 능력

요즘 분위기를 보면 그 어느 때보다 사회 모든 분야에서 외국어 능력을 중시한다는 걸 알 수 있는데요. 기자 사회도 마찬가지입니다. 기자들의 취재 범위가 과거 외신에만 의존하던 때와 달리 전 세계를 넘나들면서 직접 취재할 일이 많아지기 때문입니다. 물론 통역을 써도 되지만 기자가 직접 외국어로 질문하고 말할 수 있으면 취재의 질이 좀 더 좋아지고 내용도 충실해지겠지요? 전 세계에서 벌어지는 일을 모두 기사화하는 세상이므로 영어를 비롯해 불어, 독일어, 러시아어, 더 나아가 아랍국가 언어들도 구사할 수 있다면 금상첨화일 것입니다.

외국어를 잘하면 취재의 질이 높아진다.

외국어를 잘하면 좋은 점이 있습니다. 특파원으로

나갈 수 있는 기회를 좀 더 수월하게 잡을 수 있으니까요. 언론사들은 대개 미국이나 중국, 일본 등에 기자를 파견하지만, 더 다양한 나라로 특파원을 보내는 회사도 많습니다. 일례로 연합뉴스는 통신사이므로 20개국 이상 특파원을 파견합니다. 그러니까 여러분이 만인 다소 특이한 언어를 배울 생각이라면 통신사에 지원해 특파원을 해보는 것도 좋을 테지요.

요즘은 취업 시험에서 탁월한 영어 능력을 요구하는 회사가 많아지는 추세인데요. 그래서 그런지 이를 부담스러워하는 사람들도 주위에 많습니다. 학교에 다닐 때는 물론 졸업 후에도 영어, 일본어, 중국어 등등 여러 외국어를 섭렵하려고 애쓰고요. 하루 종일 업무에 지친 피곤한 몸을 이끌고 어학원에 다니는 사람들도 많이 보았습니다.

그런데 여기서 우리가 짚고 넘어갈 점이 있어요. 저도 앞에서 외국어 능력을 강조했지만, 실은 무엇보다 중요한 것은 논리력과 사고력, 글쓰기 능력이랍니다. 한국말로 생각하고 글을 써내는 것도 잘 못하면서 영어 회화만 유창하면 무슨 도움이 될까요? 그러므로 여러분은 외국어를 익히되 한국어 능력을 기본 중 기본으로 다져야 한다는 점을 꼭 기억했으면 좋겠습니다.

순발력

취재원 중에서는 기자의 전화를 반가워하는 사람도 있지만, 기자의 연락을 줄곧 피하는 사람도 있게 마련입니다. 특히 좋지 않은 일로 기사가 나갈 때면 더욱더 기자를 피하게 되는데요. 그럼에도 기자는 이유 불문하고 취재원의 말을 직접 들어야 합니다. 이럴 때 기자들은 온갖 방법을 다 동원하지요. 어떤 기자는 취재원이 하도 인터뷰를 피하는 바람에 고육지책(苦肉之策)으로 취재원의 차에다 "살짝 부딪힌 것 같습니다. 연락바랍니다"라는 메모를 남겼다고 합니다. 그 덕에 연락이 왔고 전화 인터뷰를 무사히 마쳤다고 해요. 취재원 당사자를 당황하게 한 일이었지만 무조건 피하기만 하는 사람과 통화라도 했다는 것 자체가 다른 기자들에겐 부러움의 대상이었지요.

순발력을 발휘하려면 때론 뻔뻔함도 장착해야 합니다. 순발력 양성 지도자인 마티아스 펨은 『순발력은 나의 힘』이라는 책에서 "한마디로 뻔뻔해야 하며 남의 눈을 의식하지 말고 자신감에 차 있어야 한다"고 이야기합니다. 앞의 에피소드에서 차에 남겨놓은 메모는 사실은 거짓말이잖아요? 하지만 프로 정신으로 무장한 뻔뻔함이 있었기에 결국 그 기자는 원하는 대상과 인터뷰를 할 수 있었던 것입니다.

또한 순발력을 제대로 발휘하려면 스스로가 "나는 이 일을 해결할 수 있어!"라고 굳게 믿어야 합니다. 무작정 '안 될 거야'라고 생각하면 번뜩 떠오르던 아이디어도 쏙 들어가고 말거든요. 어려움이 닥쳤을 때 이를 해결하려는 의지와 긍정적인 질문을 나 자신이 미리 품고 있어야만 문제를 풀어갈 수 있는 것처럼 말입니다.

근성과 끈기

"천재는 당신보다 끈기 있는 사람이다"라는 말이 있어요. 생각해보세요. 아무리 천재라고 해도 단번에 놀라운 업적을 보여줄 수는 없습니다. 최초로 전구를 발명한 에디슨 역시 수백 번의 실험 끝에 성공했잖아요? 만일 그가 한 열 번쯤 시도하다가 포기했다면 우리가 전구를 통해 빛을 보게 된 시점이 훨씬 뒤로 밀려났을 지도 모릅니다.

기자의 취재도 마찬가지입니다. 뚝딱뚝딱 쉽게 되는 경우도 있지만, 잘 풀리지 않는 취재가 더 많습니다. 취재하다가 막히는 경우도 태반이고요. 하지만 그럴 때마다 포기하면 좋은 기사를 쓰기 힘들 것입니다.

끈기와 노력이 천재성을 이긴다.

그러면 어떻게 하냐고요? 먼저 취재 대상 1순위로 정한 사람에게 물어보세요. 거기서 명확한 대답이 나오지 않으면 이번에는 대답해줄 수 있는 또 다른 사람을 찾아 나섭니다. 그런데도 충분한 자료를 얻지 못했다면 도서관에 가서 수많은 자료를 찾아야 할 테지요.

대통령이 임명한 장관의 인사 청문회를 떠올려보면 이해하기 쉬울 거예요. 청문회가 열릴 즈음이 되면 방송이나 신문에는 후보자와 관련된 각종 비리와 의혹들이 제기되곤 하는데요. 이 모두 쉽게 나오는 내용은 아닙니다. 수백 쪽이 넘는 서류를 비교하고 관련된 사람들에게 일일이 연락해서 묻고 확인하는 길고 긴 과정을 거쳐서 얻어낸 정보들이지요.

물론 기자도 평범한 사람인지라 취재하다 보면 어느 순간 "에잇, 확 덮어버릴까?" 하는 순간이 찾아오기도 합니다. 그러면 선배들이 다른 방법을 찾아 한 번 더 시도해보라고 권유하지요. 이처럼 한 번 더 생각해보고 다시금 시도하는 끈기가 기자에게는 필수 덕목입니다.

예비기자 휴게실

될성부른 나무는 떡잎부터? 기자 가능성 체크리스트

아래 리스트 중 자신에게 해당되는 사항이 있으면 체

크 박스에 표시해봅시다.

☐ 정의롭지 못한 일을 보면 화가 난다.

☐ 사회에 관심이 많다.

☐ 세상을 변화시키고 싶다.

☐ 낯선 사람에게 말을 잘 거는 편이다.

☐ 호기심이 많다.

☐ "왜?"라는 질문을 자주 한다.

☐ 다른 사람에게 말하기를 좋아한다.

☐ 내 생각을 글이든 말로든 남에게 전달하는 게
　　좋다.

☐ 순발력 있다는 소리를 자주 듣는다.

☐ 체력에 자신 있다.

☐ 평소 신문을 자주 읽는다.

□ 뉴스나 다큐멘터리에 관심이 많다.

□ 사건사고를 파고드는 TV프로그램을 즐겨 본다.

□ 세계 뉴스를 좋아한다.

□ 인터넷 신문의 헤드라인을 꼼꼼히 검색한다.

□ '오늘의 이슈'나 '세계는 지금' 같은 섹션은 꼭 챙겨 본다.

□ 일기를 꼭 쓴다.

□ 신문의 사설이나 논평을 반드시 읽는다.

□ 주변 사람들에게 핵심을 잘 뽑아낸다는 칭찬을 받는 편이다.

□ 한 번 의문을 품으면 해결될 때까지 파고드는 성격이다.

□ 경제에 관심이 많다.

□ 역사 분야를 좋아한다.

□ 외국어를 하나 이상 유창하게 구사한다.

□ 친화력이 있다는 소리를 자주 듣는다.

□ 자신의 생각을 글로 써내는 데 어려움을 느끼지 못한다.

□ 도전 정신이 높은 편이다.

□ 논리적 추론 능력이 좋은 편이다.

□ 감성적인 글보다 분석적인 글을 좋아한다.

□ 맺고 끊는 게 정확하다.

□ 공과 사를 잘 구별한다.

□ 함께하는 작업에 거부감이 없다.

□ 인내심이 많은 편이다.

□ 감정에 잘 휘둘리지 않는다.

같은 기자, 다른 업무

신문사에 다니는 기자라고 해서 모두가 같은 업무
를 맡고 있는 건 아니에요. 신문기자의 업무는 보통
네 가지 영역을 기준으로 구분합니다. 취재, 편집,
사진, 그래픽·교열 중 어떤 일을 맡는가에 따라 취재
기자, 편집기자, 사진기자, 그래픽기자, 교열기자로
나누지요.

취재기자

검찰청에서 나오는 재벌 총수가 노란색 포토라인에
선다. 조금이라도 잘못 발을 내딛으면 뒤엉켜 넘어질
것만 같은 기자들. 모두들 마이크나 녹음기, 수첩과 펜
을 들고 있다. 마이크와 녹음기를 들이대며 기자들이
질문한다.

　기자들 : "의혹을 인정하십니까?"

　재벌 총수 : "조사에 성실히 임하겠습니다."

그나마 정렬되어 있던 기자들 무리는 인터뷰 대상이 움직이자 대열이 와르르 무너진다. 한마디라도 더 듣기 위해 묻고 따라가고 기자가 들어가지 못하는 마지막까지 쫓아간다.

어떠세요, TV에서 많이 본 장면이지요? 이 모습이야말로 여러분이 흔히 생각하는 취재기자의 모습입니다. 현장에서 인터뷰하고 현장을 눈으로 보고 기사로 쓰는 일을 하지요. 앞에서 취재기자 이야기를 많이 했으니까 여기서는 기자의 직급에 대해서 알아볼게요.

기자는 일반 회사보다 직급 체계가 적어요. 보통 회사는 사원, 대리, 과장, 차장, 부장 등의 순서로 나가지만, 신문사의 기자는 12~13년차 정도까지는 대부분 평사원입니다. 다 똑같은 기자인 것이지요. 12~13년차 정도 되면 차장이 되지만 하는 일이 크게 달라지지 않습니다.

직급이라 표현하기는 애매하지만 신문사에는 '데스크'라는 직책이 있어요. 이 자리부터 평기자와 하는 일이 달라집니다. 데스크는 차장 데스크와 부장 데스크가 있는데, 둘 다 회사 안에서 일합니다. 평기자들이 주로 외부 현장에서 일하는 것과 다르지요. 평기자가 현장에서 취재하고 기사를 써서 보내면 데스크들이 이 기사를 검토합니다. 검토 기준은 대부분 다음과 같습니다.

- ◆ 원래 기획했던 취재 의도에 맞게 기사를 썼나?
- ◆ 내용의 근거가 충실한가?
- ◆ 기사에 틀린 문장은 없나?
- ◆ 중학교 1학년 이상 읽을 만한 쉬운 표현인가?

위와 같은 과정을 거치면서 기사가 보완되고 고쳐지기도 합니다. 한 번에 OK 사인이 떨어지는 적도 있지만, 기사를 여러 번 다시 써야 하는 경우도 비일비재합니다. 그런데 기사를 고치는 것은 차장과 부장 데스크이지만, 신문 지면에 올라오는 기사의 바이라인*에는 취재기자 이름만 나온답니다. 여러분도 각 기사 맨 밑줄에 기자의 이름이 달랑 하나 나오니까 혼자서 다하는 일이겠거니 했지요? 이처럼 하나의 기사가 탄생하는 데에는 여러 사람의 '보이지 않는 손'이 필요하답니다.

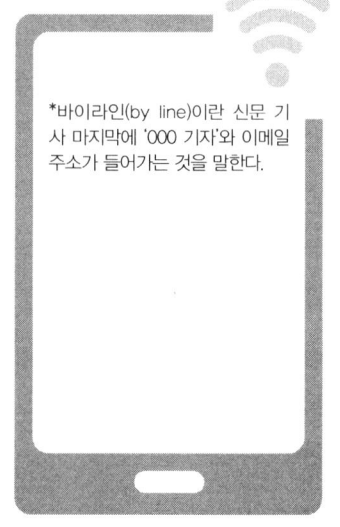

*바이라인(by line)이란 신문 기사 마지막에 '○○○ 기자'와 이메일 주소가 들어가는 것을 말한다.

편집기자

기사를 보면 기사 본문만 있지 않죠? 큰 제목이 있고, 소제목도 있습니다. 요즘은 인터넷으로 뉴스를 많이 봐서 잘 구별이 안 되지만, 지면으로 보면 어떤 기사는 크게 실리고 어떤 기사는 조그맣게 실리는 것을 알 수 있지요. 또 매일 벌어지는 수많은 일 중에서 어떤 일은 신문에 크게 실리지만, 어떤 일은 비록 기자가 글을 썼다고 해도 신문에 올라오지 않는 것도 있답니다. 이처럼 많은 기사 가운데서 오늘 신문에 무엇을 크게 실을지, 어떤 것을 뺄지, 어떤 기사를 작게 다룰지 등등을 결정하는 사람이 있는데요. 이런 일을 하는 사람을 편집기자라고 합니다.

쉽게 말해서 편집기자는 '포장'을 하는 사람이에요. 취재기자가 현장에서 보내온 기사를 읽으면서 딱 한마디로 요약할 수 있고 사람들의 눈길을 끌 수 있게끔 제목을 짓는 일도 합니다. 가장 먼저 기사를 읽는다는 점에서 '최초의 독자'라고 표현하기도 해요.

제목을 정하는 일은 굉장히 중요합니다. 몇 년 전 일본에서 쓰나미가 일어났을 때 몇몇 중앙 일간지가 1면 제목에 일본 주택이 쓰나미에 쓸려간 사진을 실으면서 '일본 침몰'이라는 제목을 달아서 논란이 되었던 적이 있습니다. 지나치게 자극적인 제목이었다는 비판이 일었거든요. 기사의 제목이 독자들의 눈을 끌어야 하는 것도 맞는 말이지만, 제목 역시 객관성을 잃으면 안 되니까요.

취재기자가 보통 외부에서 근무하는 반면 편집기자는 회사 내에서 일을 합니다. 자칫 밖에서 일하지 않으니까 편하다고 생각할 수도 있는데, 실상은 그렇지 않아요. 취재기자들이 마감 시간에 앞서 여유를 두고 기사를 보내오지 않기 때문입니다. 급할 때는 마감 시간 5분 전에 기사를 보내기도 해요. 또한 밤 12시 넘어서 큰 일이 발생했다든가 할 때에는 갑자기 기사 제목을 고민해야 하는데, 이때 기사를 재빨리 읽고 독자에게 가장 매력적으로 다가갈 제목을 다는 일은 결코 아무나 할 수 있는 게 아니랍니다. 시간과의 싸움에서 승리해야 하는 일이거든요.

편집기자는 사진기자가 보내온 여러 장의 사진 중에서 가장 적합한 것, 가장 좋은 것을 택하는 일도 맡습니다. 지면에 가장 잘 어울리는 사진, 지면의 다른 기사와도 잘 어울리는 사진, 전달하고자 하는 바를 함축적으로 가장 잘 보여줄 수 있는 사진을 골라야 한답니다. 그러니까 사진을 보는 안목은 물론 전체 지면을 염두에 둔 기사 배치에도 감각이 있어야겠지요?

사진기자

사진기자는 그야말로 뉴스 현장을 글이 아닌 사진으로 전달하는 사람이에요. 사진기자가 찍는 사진을 일명 '보도 사진'이라 부릅니다. 사진작가와 다르지요. 사진작가는 무엇보다 작가의 주제 의식과 예술성을 중시하지만, 사진기자는 사실성을 더 중시합니다. 사건사고 현장, 사고 전개 과정, 인물의 감정 등 중요한 순간을 사진으로 기록하는 일이니까요. 그래서 '포토 저널리즘'이라는 용어도 따로 있을 정도입니다. 우리 나라에서도 매해 '한국 보도 사진전'이라는 전시회를 개최하는데요. 미술관이나 전시회장에 가면 '해외 보도 사진전'이 심심치 않게 열리는 것도 볼 수 있어요. 사진기자에 관심이 있는 분이라면 전시회에 자주 가 보는 것도 중요한 공부가 될 것입니다.

사진기자들은 누군가 난동을 부리는 현장에서도 연신 셔터를 눌러대야 하고, 취재원의 인터뷰 모습을 촬영하기도 합니다. 그런가 하면 지난 사건을 되돌아보면서 사진으로 전달하는 경우도 있어요. 이른바 '영상 뉴스' 형식입니다. 또한 큰 사건이 터졌을 경우에는 취재 현장에서 일주일이고 한 달이고 머물면서 다양한 장면을 사진으로 남깁니다.

사진기자를 하기 위해서 특별히 사진학과를 나올 필요는 없습니다. 사진기자를 뽑을 때 굳이 전공을 따지지 않거든요. 사진을 잘 찍는 기술도 물론 필요하지만 뉴스를 이해하고 읽어낼 수 있는 능력을 중요하게 여기는 탓입니다. 일부 회사에선 사진기자를 직접 고용하지 않고 아예 사진만 전문적으로 찍는 사람들에게 일을 맡기기도 합니다.

여러분도 알 만한 해외의 유명 사진기자는 로버트 카파(Robert Capa, 1913~1954)*입니다. 전설적인 종군기자였던 그는 훗날 '카파이즘(capaism)'이라는 용어를 탄생시킨 장본인이기도 하지요. 카파이즘이란 자기희생과 위험을 무릅쓴 취재 정신을 말하는데요. 특히 사진기자의 자세를 언급할 때 흔히 사용하는 용어입니다.

카파를 세계적으로 유명하게 만든 것은 1936년 스페인 내전 때 찍은 '어느 인민전선파 병사의 죽음'이란 사진입니다. 《라이프》 잡지의 '올해의 표지'를 장식한 이 사진은 참호를 뛰어나온 인민전선파 병사가 기관총을 맞고 쓰러

*헝가리에서 태어난 그는 전쟁 사진의 제1인자로서 1930~1940년대 전쟁터를 넘나들면서 카메라로 전쟁의 참상을 담아냈다. '매그넘(Magnum)' 설립자 가운데 한 사람이며, 에스파냐 내란을 촬영하여 인정받은 이래 다섯 곳의 전쟁을 취재하며 박진감과 휴머니즘이 넘치는 작품을 남겼다.

△1937년 5월, 스페인 내전을 카메라에 담고 있는
로버트 카파
▷로버트 카파 탄생 100주년을 기념하는 우표

△병사들이 기자의 소지품을 검사하고 있다.

지는 순간을 포착한 것인데요. 넓은 하늘을 향해 한 병사가 양팔을 벌린 채 땅에 쓰러지기 직전의 순간을 카메라에 담은 사진입니다. 카파는 긴장의 연속인 전쟁 현장을 담아낸 사람으로서 지난 세기 가장 뛰어난 전쟁 기록 사진기자라는 평가를 받습니다.

그래픽기자 & 교열기자

자, 이번엔 특수한 케이스를 들여다봅시다. 신문을 보면 글이 아닌 그래픽으로 멋지게 장식된 지면이 있는데요. 최근에는 신문 한 면을 통째로 그래픽으로 처리하는 경우도 종종 있습니다. 글자보다 한눈에 알아볼 수 있는 그래픽이 메시지를 전달하는 데 더 효과적이기 때문이지요. 또한 직접 사진으로 찍어서 보여줄 수 없을 때 그 당시 상황과 장면을 그려서 보여주기도 하고요.

과거에는 그래픽을 다루는 디자이너들을 기자라고 부르지 않았지만, 최근에는 취재 내용을 그래픽으로만 보여주는 경우가 많이 생겨나면서 이들을 그래픽기자라 부르게 되었습니다. 시대상을 반영한 직종이지요? 취재기자와 그래픽기자는 기사를 공유하면서 함께 고민해서 결과물을 만들어내는 경우가 많아요.

취재기자는 내용물을 제공하고, 디자이너는 포토샵 등 그림 도구를 활용해 그래픽을 그립니다.

예를 들어서 인공위성의 제작 과정과 발사 단계를 세세하게 그려서 보여주는 거예요. 세월호 사건 때도 침몰한 배 안의 구조가 어땠는지, 당시 상황이 어땠는지 등을 그래픽으로 보여주는 지면이 많았잖아요? 문장으로 설명하는 것보다 그래픽이 한눈에 확 들어오니까요.

또한 교열기자도 있습니다. 취재기자가 마감 시간에 쫓겨서 기사를 쓰다 보면 띄어쓰기나 맞춤법 등을 틀릴 때가 있어요. 특히 외국어 표기법은 자주 바뀌고 생소한 단어가 많기 때문에 고민되는 부분인데요. 이런 고민을 해결해주는 사람이 바로 교열기자입니다. 기사를 최종적으로 점검하면서 잘못된 부분을 바로잡는 역할을 하지요. 일단 취재기자가 기사를 쓰면 이것을 차장이나 부장급 기자들이 한 번 훑어본 다음 최종적으로 교열기자에게 넘깁니다. 그러면 교열기자들이 기사에 틀린 단어가 없는지, 맞춤법은 제대로 되었는지 등을 점검하지요. 이 작업 역시 마감 시간 안에 빨리 처리해야 하므로 숙련된 기술이 필요합니다.

기자가 되려면
무엇을 **준비**해야 할까?

대부분의 직업이 그렇지만 기자가 되기 위해서 콕 집어 "이것을 해야 하고, 이 자격증을 따야 한다"고 말할 수 없습니다. 변화무쌍한 세상일 자체가 취재의 대상인데, 단순히 '이것만 하면 된다'는 게 있을 리 없잖아요? 그렇지만 너무 막막하게 생각하지 마세요. 미래의 기자를 꿈꾸며 하나 둘 준비하기엔 학생 시절이 더 좋을 수 있습니다. 어릴 때부터 다양한 경험을 통해 깊은 사고력과 통찰력을 기를 수 있으니까요. 이제부터 기자가 되기 위한 초석을 어떻게 다질지 차근차근 알아봅시다.

다양한 책을 읽자
"에잇, 또 책 읽기?" 하면서 김빠진 표정을 짓는 친구들 모습이 보여요. 저도 충분히 이해합니다. 무엇을 하든 어른들이 대체로 '독서' 이야기를 먼저 꺼내니까요. 따라서 여러분에게는 시시하고 뻔한 이야기로 들릴 수도 있지만, 거꾸로 생각하면 그만큼 책 읽기가 중요하다는 뜻이겠지요? 물론 기자가 되기 위해서 준비할 것은 많습니다. 학교 성적도 관리해야 하고, 영어를 비롯한 외국어 실력도 쌓아야 하고, 역사를 비롯한 상식 공부도 꾸준히 해야 합니다. 하지만 누군가 "기자가 되는 데 가장 중요한 것을 꼽아주세요"라고 요청한다면 저는 "단연코 책 읽기"라 대답하겠습니다.

많이 읽고 생각해야 세상이 더 잘 보이거든요. 좋은 글을 쓰기 위해서도 책 읽기는 꼭 필요합니다. 좋은 문장이 담긴 책을 많이 읽어야 머릿속에 그 글들이 입력되었다가 적절한 순간에 자연스레 출력되거든요. 물론 기자가 되고 나서도 책을 손에서 놓지 말아야 하고요.

책읽기=Input,
글쓰기=Output

그러면 어떤 책을 읽는 게 좋을까요? 어른들은 흔히 고전을 많이 강조하고 청소년 교양서로 추천되는 책을 강조하지만 저는 여러분이 반드시 추천 도서만 읽어야 한다고 생각하지 않습니다. 추천 도서를 읽는 것도 좋지만, 무엇보다 중요한 것은 일단 책에 흥미를 붙이는 게 어닐까요? 그러려면 스스로 관심이 가는 책, 손이 닿는 책, 눈길이 가는 책부터 펼치는 게 좋습니다. 소설책이든 만화든 가리지 말고요. 소설책이나 만화에도 우리 사는 세상의 모습이 잘 담겨 있으니까요. 하나씩 섭렵해가면서 독서의 폭과 관심의 영역을 넓혀봅시다. 소설도 읽고 아름다운 수필도 읽고, 그러다가 조금씩 욕심이 생기면 고전도 읽고, 인문서적도 읽고, 과학책도 읽는 거예요.

특히 우리가 '고전'이라 부르는 책들은 청소년 시절에 읽어두면 정말 좋습니다. 오랜 세월을 거치는 동안 동서고금에서 좋은 책이라고 인정받은 글을 읽음으로써 인간의 보편적인 정서와 문제의식에 다가설 수 있고, 이를 바탕으로 시야를 넓히면서 폭 넓게 사고하게 되거든요. 고전 읽기의 또 한 가지 좋은 점은 다양한 어휘를 접할 수 있다는 것입니다. 고전은 세계 여러 나라에서 다양한 언어로 쓰인 것들이잖아요? 그런 책들을 읽다 보면 특정한 언어나 문화에도 관심을 가지게 되어 나중에 어른이 되어 관련 분야의 일도 할 수 있지요. 제 주변에도 학창시절 헤르만 헤세의 『나르치스와 골드문트』를 읽고 깊은 감명을 받아 독일로 유학 간 친구도 있답니다. 물론 고전을 읽는 데엔 인내심도 필요해요. 하지만 자랄수록 시간을 따로 내어 고전을 읽기가 어려울 수 있으므로 방학 때처럼 시간이 많을 때 한번 도전해보실 것을 추천합니다.

저는 대학생 때 방학마다 대하소설을 집중적으로 읽었어요. 『토지』, 『태백산맥』, 『혼불』처럼 등장인물이 많고 구성이 복잡한 대하소설은 한두 권 읽다 말다 하면 흥미를 갖고 끝까지 읽기 힘들기 때문에 방학처럼 여유가 있을 때 쭉 읽어야만 훨씬 재미있게 읽을수 있답니다. 고전이 어렵다면 대하소설을 읽어보세요. 이 역시 읽고 나면 생각해볼 거리가 늘어난답니다.

신문과 TV 뉴스 보기를 생활화하자

기자가 되고 싶다면 기사에 관심을 가져야 합니다. 신문 읽기는 필수이고, TV뉴스도 꼭 보아야 하지요. 요즈음에는 종이 신문을 잘 읽지 않는 추세지만, 사회의 다양한 소식을 접하고 어떤 이슈가 어떠한 쟁점으로 부각되는지 깊이 알 수 있는 최상의 교재는 종이 신문이라는 것, 꼭 명심하세요.

앞에서도 잠깐 이야기했지만 저는 중학교 때 학원을 안 다녔기 때문에 시간이 많았어요. 그래서 집에 매일 배달되는 종이 신문을 열심히 읽었습니다. 학교 갔다 와서 한 일 중 아마 신문 읽기 비중이 가장 컸을 거예요. 그런데 아직 어릴 때였으므로 신문에 나오는 내용을 모두 이해하지는 못했습니다. 그냥 쭉 읽는 정도였어요. 너무 어렵다 싶은 기사나 용어들은 지나쳤고, 호기심이 생기는 부분은 밑줄을 그어가며 읽었답니다.

신문 특성상 처음에는 어려운 내용이 나오지만, 뒤로 갈수록 문화 관련 부분이 많아지고 재미있잖아요? 텔레비전 드라마나 연예인 이야기도 나오고요. 또 한 장 한 장 넘기다 보면 광고도 나옵니다. 저는 특히 광고가 재미있더라고요. '이런 문구로 광고를 하는구나' 감탄하면서요. 그런 식으로 신문 1면부터 끝까지 거의 모든 기사와 광고까지 정독하는 데 2~3시간 걸렸는데요. 그때는 그게 정말 재미있었답니다. 나중에 언론사 입사시험 면접 때 그 경험을 이야기하니 면접관들이 신기하다는 듯 쳐다보더라고요. 고등학교에 진학하면서부터는 시간이 부족해서 신문을 많이 읽지 못했지만, 어렸을 때 매일 신문을 읽었던 습관은 훗날 기자가 되는 데 여러 모로 좋은 영향을 주었답니다. 저절로 논술 공부를 마친 셈이니까요.

요즈음 글쓰기 능력이 중요해지면서 신문 읽기가 워낙 강조되다 보니 "매일 신문을 읽으세요"라고 말하면 부담이 될 수도 있을 거예요. 공부처럼 느껴질 테니까요. 게다가 영상 세대인 여러분에겐 작은 글씨로 빽빽하게 조판한 신문이 익숙하지 않을 겁니다. 뉴스 하나를 보아도 TV나 인터넷이 더 편하지요? 그렇지만 자신의 관심사를 찾아 하나씩 읽어가다 보면 어느새 익숙해질 것입니다. 잘 읽히지 않는 부분은 큰 제목과 소제목만 읽고 지나쳐도 되고요. 이런 식으로 조금씩 신문 읽기에 흥미를 붙이다 보면 나중에는 관심조차 없던 부분에도 눈길이 가는 신기한 경험을 하게 될 겁니다.

만일 신문 읽기가 정 어렵고 귀찮다면 TV뉴스를 꾸준히 보세요. 같은 뉴스를 다루어도 TV는 영상과 소리를 같이 제공하니까 어려운 내용도 보다 쉽게 이해하게 됩니다. TV뉴스는 한 꼭지를 다루는 데 보통 1분 30초쯤 걸리는데요. 그만큼 압축적으로 다뤄야 한다는 뜻입니다. 방송기자들이 가장 힘들어하는 부분이지요. 여러분 경우에는 압축이 잘 된 TV뉴스를 먼저 보고 나서 같은 내용을 신문 기사로 찾아 한 번 더 읽는 게 좋을 거예요. 그러면 이해도 잘 되고 신문 읽기가 훨씬 편해지거든요.

생각하고 또 생각하라

흔히 "좋은 글을 쓰려면 다독(多讀), 다작(多作), 다상량(多商量)해야 한다"*고 말합니다. 아주 고전적인 충고인데요. 제가 어른이 되어 보니 이 말이 진실이더라고요. 많이 읽고, 많이 쓰고, 많이 생각하는 것만큼 사람의 내면을 성장시키는 방법은 없는 것 같습니다. 또한 철학자 쇼펜하우어도 "글을 잘 쓰고 싶다면 사색하고, 문체에 신경 써서 글쓰기를 연습하고, 독서를 많이 하라"고 했는데요. 동양이든 서양이든 강조하는 바가 같은 걸 보면 '다독(多讀), 다작(多作), 다상량(多商量)' 이야말로 좋은 글쓰기의 왕도인 것 같습니다.

여러분은 이미 학교나 가정에서 독서의 중요성을 강조하는 이야기를 많이 들었을 거예요. 독서와 글쓰기를 숙제로 내주는 학교도 많고요. 또 어떤 친구들은 방문 교사에게 책 읽기와 글쓰기 지도를 받기도 합니다. 그런데 '생각하기'는 상대적으로 잘 이루어지지 않아요. 특별히 강조하는 분위기도 아니고요. 특히 요즘처럼 미디어의 홍수 속에서 스마트폰을 손에서 놓지 않고 살아가는 시대에는 혼자서 골똘히 생각한다는 것 자체가 매우 어려운 상황입니다. 그러나 저

*중국 송나라의 구양수가 한 말이다. 그는 글쓰기를 잘하려면 삼다(三多), 즉 다독(多讀), 다작(多作), 다상량(多商量)이 필요하다고 했다. 많이 읽고, 많이 쓰고, 많이 생각하라는 뜻이다.

는 무엇보다도 중요한 게 생각하기라고 봅니다.

제 경험을 이야기할게요. 저는 대학교 4학년 때부터 본격적으로 기자 시험을 준비했는데요. 처음에는 언론사 공채 시험마다 떨어졌습니다. 1차 필기시험에 합격되어도 2차 면접에서 떨어지곤 했어요. 그러다가 졸업하고 나서 소위 말하는 취업준비생이었을 때 지금 다니는 신문사에 합격했습니다. 취업준비생 시절에는 시간이 많았어요. 어딘가 소속된 곳도 없고, 학교에 가지 않아도 되고, 시험이나 리포트에 대한 부담도 없었으니 남아도는 게 시간이었습니다. 저는 이때 책도 많이 읽었지만 무엇보다도 생각할 시간을 많이 가졌답니다.

예전에는 논술 주제가 나오면 우선 관련 자료를 찾아보고, 어떤 부분은 외우기도 하면서 오직 공부하는 데만 급급했어요. 정보를 흡수하는 데만 집중하느라 내 생각을 정리하지 못했습니다. 나만의 논리와 주장을 정립하고, 나만의 독특한 아이디어를 계발할 여유를 갖지 못했던 거예요. 그러니 논술시험이나 면접에서 떨어질 수밖에요. 그런데 시간이 많아지고 여유가 생기면서 수많은 정보 속에서 내 생각을 정리해보게 되더라고요. 왜 그럴까 생각도 깊이 하게 되고, 이렇게

생각의 근육을 강화하자.

해보면 어떨까 하면서 나름대로 고민하고 말입니다.

생각을 키우는 방법은 의외로 간단합니다. 책을 읽고 나서 책 내용에 대해 곰곰이 생각해보세요. 소설책을 읽었다면 주인공이 왜 그런 행동을 했을까, 캐릭터가 사건에 어떤 영향을 주었나, 이야기에 개연성이 있었나 등등 이것저것 고민해보는 거지요. 과제로 흔히 나가는 독후감 쓰기보다 이처럼 혼자서 깊이 생각해보는 훈련이 저는 더 중요하다고 봅니다. 반드시 책이 아니라도 좋아요. 만화를 본 뒤에나 영화를 보고 나서도 여러 가지 생각을 끌어낼 수 있으니까요. 이렇게 매체를 통해 간접 경험한 내용들을 우리가 살아가는 사회와 연결해보면 여러분의 생각도 쑥쑥 자랄 것입니다.

많이 써보자

앞서 언급한 많이 읽고 많이 생각하기는 어떻게 보면 크게 어렵지 않은 일입니다. 그러나 직접 글을 많이 써보는 것은 생각보다는 어려워요. 일단 글 쓴다는 것 자체를 망설이는 친구들도 있을 테고요. 게다가 요즘 교육 환경은 여러분에게 글을 직접 쓸 기회를 많이 주지 않습니다. 그러다 보니 이따금 학교 숙제로 나오는 독후감이나 글짓기 때문에 괴로워하는 사람이 생기는 것이지요. 여러분도 이런 숙제를 받아들고 "뭘 쓰나?"하면서 막막해한 적이 있지요? 하지만 기자의 꿈을 이루고 싶은 친구들이라면 먼저 글쓰기에 대한 두려움을 없애야 합니다. 기자라는 직업 자체가 글을 쓰는 일이 주 업무이기 때문이에요.

학생 시절에는 가장 단순한 글쓰기인 '일기 쓰기'를 습관적으로 하는 게 좋습니다. 매일 매일 일기를 쓰는 거죠. 우선 하루 일과를 써내려가는 것부터 시작해보세요. 그러다 일기 쓰기가 조금 만만해지면 주제를 잡아서 써보고요. 이때 그날 읽은 책에 대해 간단히 정리한다면 그것이 바로 독후감이 됩니다.

언론사 입사 준비를 본격적으로 하는 시기에는 보통 '스터디'라고 불리는 그룹을 구성해요. 그러고는 스터디 모임에서 여러 사람들이 모여 정해진 시간 안에 글을 써보고 서로 평가하는 시간을 갖습니다. 언론사 입사 시험 과목인 논술과 작문은 정해진 시간 안에 써야 하기 때문이지요. 그러나 학생 때부터 이렇게 연습할 필요는 없습니다. 지금 시점에서 가장 중요한 것은 글쓰기와 친해지는 거예요. 시간의 압박을 받기보다는 혼자 깊이 생각해서 그 내용을 글로 풀어내는 연

날마다 글쓰기 훈련은 필수

습을 꾸준히 하시기 바랍니다.

기자 체험도 중요해

언론사 입사준비를 하면 자기소개서를 써야 합니다. 요즈음은 '엄격한 아버지와 다정한 어머니 밑에서…' 처럼 천편일률적인 글로 자기소개서를 쓰지 않아요. 이 정도는 다 알고 있지요? 이렇게 쓴 자기소개서는 면접관의 책상이 아니라 쓰레기통으로 들어간답니다. 그래서 다들 자기소개서를 독창적으로 쓰려고 고민을 많이 하지요. 저 역시 여러 번 실패한 후에 저만의 자기소개서 쓰는 방법을 찾았답니다. 바로 제 경험을 살리는 거였어요.

"저는 경력 10년차 기자입니다."

제가 언론사 입사를 준비하면서 썼던 자기소개서의 첫 줄이에요. 기자가 되고 난 뒤 생각해보니 무척이나 당찬 발언이었는데요. 그러나 눈길을 사로잡기엔 좋은 문구였다고 생각합니다. 아니, 어떻게 경력이 10년이나 되냐고요? 입사 시험을 치르는 마당에?

저는 중학생 때부터 동아리 활동으로 교지 편집부에서 학생기자를 했습니다. 중학생 때는 직업 탐방 코너를 맡아 학교 동문 선배들을 찾아가 인터뷰하고 기사를 썼는데요. 그때 인터뷰한 기억은 아직도 생생해요. 그중 하나가 '카피라이터'*라는 직업을 취재하러 선배님 회사를 찾아갔던 일입니다. 그 회사는 지금도 우리나라에서 가장 큰 광고 기획사였는데요. 그런 대단한 곳을 찾아간다는 것 자체만으로도 엄청 설렜답니다.

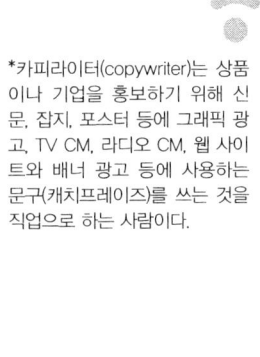

*카피라이터(copywriter)는 상품이나 기업을 홍보하기 위해 신문, 잡지, 포스터 등에 그래픽 광고, TV CM, 라디오 CM, 웹 사이트와 배너 광고 등에 사용하는 문구(캐치프레이즈)를 쓰는 것을 직업으로 하는 사람이다.

가서 질문을 하나하나 던질 때마다 조마조마했던 게 기억나요. '혹시 내 질문이 너무 유치하다고 생각하면 어쩌나?' 하면서 말입니다. 취재를 무사히 마치고 쓴 기사를 담당 선생님께서 교정봐주시던 순간도 어제 일처럼 눈에 선합니다. 그후 고등학생 때에도 교지 편집부 활동을 했고, 대학생 때에는 학교 잡지에서 학생기자로 활동했지요. 대학생 때는 학과 수업 중 하나로 언론사 현장 실습을 3개월 동안 나간 적도 있었고, 2002년 한일 월드컵 때엔 광화문 응원 열기를 취재해서 기사로 쓰기도 했답니다. 이때 쓴 기사는 인터넷 기사였는데 아직도 남아 있답니다. 실제로 제 이름을 달고 세상에 나간 첫 기사인 셈이지요. 어때요, 여러분! 그러니까 총 10년이 채워진 거, 맞지요?

물론 아쉬움도 큽니다. 학창 시절부터 줄곧 교지 편

집부에서 학생기자 활동만 했기에 악기를 다루거나 연극을 하는 등 다른 활동을 못 해봤으니까요. 하지만 직업을 기자로 정한 친구들이라면 학창 시절 어느 시기이든 한 번쯤 학생기자로 활동해보면 좋을 거예요. 예를 들어 학교 축제가 열렸어요. 학생기자가 아니라면 그저 축제에 참여하는 데 그치겠지만 축제를 취재해야 하는 임무를 맡았다면 태도 자체가 달라집니다. 우선 어떤 행사가 있는지 관찰할 거고, 어떤 행사가 가장 인기 있는지, 진행에 문제는 없었는지, 개선할 점은 무엇인지 등등 다양한 관점에서 축제를 바라보게 되거든요. 제가 중학생 때 우리나라 최대의 광고회사를 방문해서 전문가를 만나는 기회를 가졌던 것처럼 그 나이 대에 접하기 힘든 특별한 경험도 할 수 있고요. 그리고 실제로는 연습 삼아서라도 기사를 써볼 기회는 학생기자가 아니고는 접하기 어렵답니다.

요즘은 학교 안은 물론 학교 밖에도 학생기자 활동을 할 기회가 많이 있어요. 어린이 신문을 비롯해 지역 신문의 청소년 기자단, 인터넷 잡지, 각종 동아리 활동 리포터 등등 조금만 관심을 기울이면 찾을 수 있습니다. 또한 대학생이 되어서는 언론사의 인턴기자에 지원할 수도 있고요. 이런 기회들을 놓치지 마세요.

직접 취재해보면서 인터뷰하는 법도 배울 수 있고, 다양한 사람과 사건을 마주하면서 경험도 풍부하게 쌓을 수 있으니까요.

여행을 자주 떠나자

청소년 시절이 아니면 하기 어려운 것 중 하나가 여행입니다. 중학교에서 고등학교로, 그리고 대학교를 졸업하고 나서 직장인이 되는 과정을 거치는 동안 시간이 점점 줄어들거든요. 어쩌면 마음의 여유가 없어지는 탓일 수도 있고요. 그래서 저는 여러분에게 청소년기에 여행을 가능한 한 많이 해보라고 권하고 싶습니다. 책을 많이 읽은 사람을 당해낼 수 없듯이 경험을 많이 한 사람도 당해낼 수 없거든요.

세상을 이해하는 통로는 여러 가지입니다. 책이나 신문, 방송 등 매체를 통한 간접 경험이 있고, 여행처럼 몸으로 부딪히는 직접 경험도 있는데요. 어떤 경우이든 넓은 세상을 보게 해주는 좋은 기회들이죠. 경험이 많다는 것은 그만큼 사고가 넓어질 수 있다는 이야기이기도 합니다.

여행의 좋은 점은 여러 사람과 어울리면서 다양한 경험, 책으로 배울 수 없는 직접적인 경험이 가능하다

경험은 돈으로 살 수 없는 귀중한 자산이다.

는 것입니다. 비록 눈에 보이지는 않아도 여러분의 머리와 가슴에 각인될 테니까요. 여행 경험은 자기소개서를 쓸 때나 면접을 치를 때, 혹은 친구를 사귈 때에도 자신을 설명해주는 유쾌한 통로 역할을 합니다. 흥미로운 이야깃거리는 대개 여행에서 나오는 경우가 많거든요.

최근에는 대기업이나 학교에서 연수 형식을 통해 해외여행을 보내주는 사례가 많습니다. 이런 프로젝트에 응모하여 선발 과정을 거치면 큰돈을 들이지 않고도 좋은 경험을 쌓을 수 있어요. 이때 여행은 주 목적이고, 다양한 친구 관계는 덤으로 얻을 수 있겠지요?

수습기자 24시

이번에는 신문사에 입사한 수습기자의 하루를 둘러봅시다. 엄청 긴장되고 정신이 없을 텐데, 이들의 하루는 어떤 일정으로 움직이는지 살펴볼게요. 물론 제 경험을 바탕으로 정리한 가상의 시나리오입니다.

04:00 종로 라인 배치. 종암 경찰서 기자실에서 기상. 세수도 하지 않고 밤새 일어난 사건사고를 챙기러 종로 라인에 소속된 종로·종암·성북 경찰서 순회(마와리).

06:00 1진 선배에게 전화를 걸어 첫 보고. 아버지가 아들을 때려 아들이 신고한 사건과 오늘 집회·시위 일정, 간밤 화재 상황 보고. 선배는 아버지가 아들을 때린 사건의 이유를 물음. 대답하지 못해 선배에게 혼남. 다시 취재. 밤새 일하고 자러 들어간 형사를 전화로 깨워 "아버지는 아들을 왜 때렸고 아들은 왜 신고

를 했는지" 등 사건 경과와 이유를 자세히 질문함.

07:00 1진 선배에게 재보고. 선배는 보고 내용을 기사체로 정리해서 이메일로 보내라고 지시.

08:00 경찰서 구내식당에서 아침식사를 다른 언론사 수습기자들과 후다닥 마치고 대충 세수를 함. 기자실 바닥에 주저앉아 아침에 보고한 사건으로 기사 작성.

10:00 경찰서 형사과, 정보과, 여성청소년과 등등을 돌면서 명함을 뿌리며 인사.

11:00 1진 선배가 갑자기 라인 내 찜질방에서 술을 판매하는지 알아보라고 지시. 급히 근처 찜질방을 수소문하여 술을 파는지 알아보기 위해 손님인 척하고 7000원이나 돈을 내고 들어감. 주류 판매 여부만 확인하고 그대로 나옴. 몇 군데 찜질방을 다니면서 요령이 생겨 "친구가 있는지 확인만 하고 나가겠다"고 하고는 돈을 내지 않고 둘러보고 나옴.

14:00 찜질방을 돌아다니다가 배가 고파 분식집에서 혼자 김밥을 사먹음.

14:30 초등학교 행사에서 사고가 나 학부모들이 다쳤다며 즉시 병원으로 가라는 지시를 받음. 병원 가는 택시 안에서 찜질방에서 술을 파는 경우가 있는지 알아본 사례를 정리해서 이메일로 보고.

15:30 병원에서 피해 가족들을 붙잡고 인터뷰. 겨우 말 한 마디 들음. 선배에게 가족들 멘트 하나 보고하고 현장 철수.

16:00 오전에 보고한 아버지가 아들을 때린 사건 이유가 아들이 취업을 하지 않아서였는데 이 사건을 지면에 싣는다고 연락. 아침에 보낸 기사를 다시 다듬어야 해서 택시 안에서 노트북을 열고 기사를 다듬어 선배에게 송고.

18:00 회사로 복귀. 수습일지 및 취재일지, 연습기사 작성.

20:00 다시 라인으로 복귀. 경찰서 순회 시작.

22:00 밤사이 일어난 사건사고를 야근 선배에게 보고 시작.

24:00 야근 선배에게 2차 보고. 장례식장도 가보라는 지시 받음.

01:30 장례식장까지 돌고 "특이 사항이 없다"는 보고를 함. 내일은 더 잘하라는 선배의 말을 듣고 오늘 일정 끝냄. 다시 종암 경찰서 기자실로 향함. 휴대전화 알람을 4시로 맞춰놓고 쪽잠을 청함.

신문사에 입사하면 수습 또는 견습기자라는 이름으

로 3~6개월가량을 활동하게 됩니다. 한국의 언론사 대부분은 수습기자 생활을 경찰서에서 시작해요. 사회에서 일어나는 사건사고를 직접 접하면서 육하원칙과 같은 기사 쓰기의 기본을 배우라는 뜻으로 파견되는 것입니다. 이때 서울의 경우에는 25개 구를 서너 개씩 나눠서 각자 구역을 정해요. 예를 들어 강남 라인이라고 하면 서울의 강남구, 서초구, 송파구를 의미합니다. 이 전체 지역에서 일어나는 일을 수습기자가 담당하게 되지요. 주로 새벽과 밤 시간대에 경찰서를 돌아다니면서 그날 들어온 사건사고를 챙기고, 낮에는 선배들이 지시한 기획 취재를 합니다.

경찰서를 돌아다니면서 보고하는 시간은 가장 긴장되는 시간입니다. 잠도 못 자고 힘들게 새벽부터 일어나 경찰서를 돌고 사건을 챙겨왔는데 육하원칙에 맞춰 제대로 보고하지 않으면 돌아오는 건 '지적'뿐입니다.

보고를 받는 선배는 정말 세세한 것까지 하나하나 캐묻습니다. 이제 막 현장에 던져진 수습기자가 그 모든 걸 다 체크해서 답하기는 쉽지 않죠. 빼먹은 사실 관계를 찾아서 다시 취재해야 하고 또 다시 보고해야 하는 시간, 정말 살이 떨릴 정도로 긴장됩니다.

일례로 제가 수습의 보고를 받던 '1진 선배'였던 시

절 이야기를 들려드릴게요.

　수습 : 솜사탕 때문에 싸운 대학생들이 경찰에 입건
됐습니다.

　선배 : 왜 싸웠는데?

　수습 : 서로 더 많이 먹겠다고 싸웠답니다.

　선배 : 서로 친한 사이래?

　수습 : 그건 잘….

　선배 : 친한 사이인데 서로 더 먹겠다고 싸웠겠어?
다른 이유가 있을 거 아냐? 넌 그게 궁금하지도 않냐.

　수습 : ….

　선배 : 솜사탕 색깔은? 솜사탕 가격은?

　수습 : 아, 그거까지는….

　선배 : 그럼 대체 뭘 취재한 거야. 기사 쓸 때 솜사탕
묘사도 해야 하는데 그걸 왜 안 물어봐. 가격이 엄청
비쌌을 수도 있잖아.

　수습 : ….

　선배 : 1시간 뒤에 제대로 다시 보고해.

　위에 적은 내용은 사실 '애교' 수준이에요. 실제로
선배들은 더 무섭고 더 집요하게 질문합니다. 팩트를

체크하는 법을 익히라는 뜻이지요.

수습 기간은 그리 길지 않지만 상당히 힘듭니다. 새벽 시간과 밤 시간대에 경찰서를 돌아다니므로 육체적으로 힘든 건 당연하고, 정신적으로도 엄청 힘들지요. 난생 처음 경찰서 기자실에 들어가서 처음 보는 사람들한테 "○○신문 ○○○기자입니다"라고 인사하는 것도 쉬운 일은 아닙니다. 경찰서에는 술 취한 사람이나 난동을 부리는 사람도 많은 데다가 형사들도 처음 보는 터라 무섭게만 느껴지거든요. 하지만 낯선 사람에게 인사를 건네고 빨리 친해지는 노하우를 습득하는 것도 기자로서 배워야 할 일 중 하나이므로 최선을 다해 임해야 합니다. 물론 이때 적응 방법이나 과정을 일일이 친절하게 가르쳐주는 사람은 없어요. 자기 스스로 낯선 '벽'을 깨뜨려야 합니다.

그러면 잠은 제대로 잘 수 있냐고요? 절대 그렇지 않습니다. 잠은 많이 자야 하루에 4~5시간 정도 잘 수 있어요. 그러다 보니 이동하는 자동차 안에서 잠들기 일쑤지요. 덕분에 "나는 잠자리가 바뀌면 못 자"라던 친구들이나 "자동차에서 어떻게 자?" 하던 친구들도 머리만 대면 잠들어버린답니다.

수습 시절이 힘든 이유 중에는 집에 들어가지 못하

는 것도 큰 몫을 차지합니다. 집이 아닌 경찰서 기자실에서 몇 달을 먹고 자고 하다 보면 정말이지 사람 꼴이 엉망이 된답니다. 물론 기자실 환경도 점점 나아지고 있지만 수많은 기자들이 우르르 한 곳에서 먹고 자고 생활하는 탓에 환경이 늘 어수선하고 지저분하거든요. 게다가 샤워할 공간마저 없을 경우에는 근처 찜질방이나 목욕탕에 가서 후다닥 씻고 올 때도 많습니다. 혹시 샤워하고 있을 때 선배한테 오는 전화를 놓칠까봐 휴대폰을 비닐 팩과 수건에 둘둘 말아 샤워장에 가지고 들어가기도 해요.

수습기자에게는 선배의 전화가 생명줄이나 다름없습니다. 드라마 「피노키오」에도 선배가 수습에게 "전화벨이 3번 울리기 전까지 꼭 받는다"라고 다짐하는 장면이 나오잖아요? 수습 초반에는 정말 그렇습니다. 휴대전화 벨소리 노이로제에 걸릴 정도로 휴대전화 소리에 예민해져요.

끼니를 제대로 못 챙겨 먹는 것도 힘든 일 중 하나지요. 경찰서 구내식당에서 밥을 해결하는 경우도 있지만 워낙 이동하는 일이 많다 보니 식사를 거를 때가 더 많습니다. 식당에 들어가서 혼자 밥을 먹는 건 예사이고, 버스나 지하철 같은 대중교통 수단으로 이동

하는 중에 우걱우걱 먹기도 하지요. 저는 심지어 새벽부터 경찰서를 몇 군데 돌고 거주하던 경찰서로 돌아가는 아침에 출근길 버스에 서서 김밥을 먹어본 적도 있습니다. 가장 기본적인 생존 욕구에 부딪히니 타인의 시선도 의식하지 않게 되더라고요.

기자에게는 기동성도 매우 중요합니다. 특히 사회부 사건 팀 기자에게는 재빨리 움직이는 행동의 민첩함이 요구되지요. 그렇다면 누구보다도 빠르게 움직여야 하는 수습, 수습의 '발'이 되어주는 교통수단은 무엇일까요? 화려하게 'OO 신문'이라고 적힌 회사차일까요? 그렇지 않습니다. 잠도 못 자고 꾀죄죄한 행색인 수습이 가장 많이 타는 교통수단은 역설적이게도 택시입니다. 되돌아보면 수습 때처럼 택시를 많이 탄 적도 없는 것 같아요. 갑자기 사건 현장으로 신속하게 달려가야 하기 때문에 기자들은 택시를 자주 탑니다. 물론 새벽과 밤 시간대 경찰서를 돌아다닐 때도 거의 택시를 타고요. 이렇다 보니 하루에 5만 원에서 많게는 10만 원까지 택시비로 쓰는 적도 많아요. 한 달로 계산해보면 택시비만 100만 원이 나가기도 합니다. 특히 자신이 담당하는 구역이 넓으면 순식간에 100만 원을 훌쩍 넘기지요.

드라마를 보면 수습기자가 직접 운전하는 장면들도 나오는데, 실제로 수습시절에는 거의 직접 운전하지 않습니다. 직접 운전하지 않는 이유는 따로 있습니다. 늘 잠이 부족한 상태여서 자칫 졸음운전을 하게 될 위험이 있기 때문이지요.

몸도 마음도 힘든 시기이다 보니 몰래 몰래 눈물을 훔치는 수습기자도 많습니다. 예전에 EBS 다큐프로그램「극한직업」에서 사회부 수습기자의 하루를 다룬 적이 있는데요.「극한직업」프로그램에 나온 직업들이 소방관, 특공대, 조기잡이, 용접공, 석탄화력 발전소 직원 등이었다는 점을 감안하면 수습기자 역시 녹록치 않음을 알 수 있습니다.

그렇다면 주말에는 어떨까요? 이때만큼은 제대로 쉴 수 있을까요? 글쎄요. 저는 수습기자 시절에 주말만 되면 잠을 몰아 잤어요. 그동안 못 잤던 잠을 한꺼번에 자는 것입니다. 평일에는 일하느라 주말에는 잠을 자느라 시간을 다 쓰는 셈입니다. 자칫 친구관계마저 소홀해지는 시기이지요.

생각보다 힘든 과정을 거치기 때문에 기자들 사이에서는 수습의 '수'가 한자로 '짐승 수(獸)'라고 우스갯소리를 하기도 합니다. 수습기자 생활이 힘들기도 하지만 과거에는 선배들이 다소 비인간적으로 대우해 주었던 바람에 이런 말까지 나왔던 건데요. 수습기자 시절엔 상명하복의 군대식 문화를 알게 모르게 따라야 하기 때문입니다.

물론 요즈음은 많이 달라졌어요. 경찰서에서 먹고 자는 기간도 점점 짧아지는 추세고요. 〈경향신문〉에서는 2016년 5월부터 뽑은 수습기자들에게는 경찰서에서 먹고 자는 '하리꼬미' 형식의 수습 생활을 없앴습니다. 수습기자들은 오전 8시부터 밤 8시까지 정치부, 사회부, 경제부 등 여러 부서들을 일주일씩 돌아다니면서 교육받는 형태로 바뀌었지요. 아직은 한 언론사만 이렇게 하고 있고 새로운 시도를 해보고 있는 과도기이기 때문에 어쩌면 여러분이 기자가 될 즈음이면 새로운 수습 교육 과정이 자리 잡혀 있을 거라고 생각해요. 그때는 경찰서에서 먹고 자던 수습 때 이야기가 호랑이 담배 피던 시절 이야기처럼 들릴지도 모르겠네요.

수습기자 시기는 이처럼 힘이 많이 들지만 재미있는 일도 많이 일어납니다. 기억에 남을 만한 에피소드도 많이 생기고요. 남자들이 군대 갔다 오면 대개 "내가 군대에서 말이야"라면서 끊임없이 군 생활 에피소

드를 자랑스레 늘어놓는 것처럼 기자들도 "내가 수습
때 말이야" 하면서 자신의 지난 시절을 입버릇처럼 이
야기하게 된답니다. 저도 그 시절을 어떻게 견뎠는지
잘 모르겠어요. 다시 수습기자를 하라고 하면 정말 못
할 거 같지만, 분명한 것은 그 시절 힘든 트레이닝 과
정이 있었기에 지금의 제가 있다는 점입니다.

　이렇게 트레이닝을 거쳐 신문 지상에 처음으로 자
신의 이름 석 자가 실리면 그야말로 감개무량합니다.
신문 기사 마지막에 보면 'OOO 기자'라는 이름과 이
메일 주소가 들어가잖아요? 이것을 전문 용어로 '바
이라인(by line)'이라 하는데, 세상을 깜짝 놀라게 할
정도의 기사를 쓴 건 아니지만 자신의 이름이 들어간
첫 기사는 본인에게 의미가 남다르답니다. 어쩌면 그
순간을 위해 길고 험난한 수습기자 과정을 견디는 것
이겠지요.

예비기자 휴게실

백악관 출입기자의 전설 헬렌 토머스

"헬렌 토머스가 백악관 최장수 기자라서 이 영예를 얻는 것은 아닙니다. 그녀는 여전히 가장 열심히 일하는 사람이라고 감히 제가 말씀드리겠습니다. 내 계산으로는 백악관에서 그녀는 1만 번 이상의 아침을 맞았고, 수천 권의 공책을 썼고, 수천 컵의 커피를─아마 그중 몇 잔은 백악관 직원들이 직접 타주어서─ 마셨을 것입니다. 그러나 결코 그녀는 타협하지 않았습니다. 백악관에서 있는 우리 모두에게 그녀는 대들보입니다. 그녀는 두려움 없는 온전함으로 일관성 있게 정부를 견제하고 있습니다."_1998년 4월 25일, 백악관 출입기자 클럽 만찬에서, 클린턴 대통령

헬렌 토머스(Helen Thomas, 1920~2013)는 미국 백악관 출입기자의 전설입니다. 60년간 백악관을 출입하면서 존 F. 케네디 대통령부터 버락 오바마 대통령에

이르기까지 10명의 전·현직 대통령을 취재했지요. 수십 년간 백악관 브리핑 룸의 맨 앞줄에 앉아 대통령에게 공격적인 질문을 하기로 유명한 사람인데요. 눈총 받는 질문 때문에 그녀는 종종 백악관에서 따돌림을 당하기도 했답니다. UPI 통신, 허스트 코퍼레이션, 폴스처치 뉴스-프레스에서 일했고요.

그녀는 『백악관의 맨 앞줄에서』라는 자서전에서 "기자는 관찰하고 듣고 쓰는 일 외에 때로는 중요하지만 썰렁한 질문을 던지는 법도 배워야 한다"고 말했습니다. 권력 가장 가까이에서 흔들리지 않고 기자로서의 객관성을 유지했던 그녀는 80세가 넘는 나이까지 기자로 활동했어요. 여기자로서 오랫동안 활동한 점도 경이로운 이력으로 기록됩니다.

'워터게이트' 사건 특종 보도로 대통령을
사임시킨 밥 우드워드
밥 우드워드는 1971년 미국 〈워싱턴포스트〉 지에 입사했습니다. 입사 9개월만인 1972년 밥 우드워드는 미국 민주당 본부가 입주해 있는 워터게이트 빌딩에 침입한 절도범을 취재했는데요. 사회부 기자가 보기에 대수롭지 않은 절도 사건인 줄 알았으나 밥 우드워드의 끈질긴 취재 끝에 이 절도범들의 배후엔 거대한 권력이 숨어 있음이 드러났지요. 닉슨 대통령의 재선 위원회가 민주당에 도청장치를 설치했고 이들 절도범들에게 선거자금을 댔다는 증거를 잡아낸 것입니다. 동료인 칼 번스타인과 3년 여간 끈질기게 기사를 쏟아낸 끝에 1974년 8월 닉슨 대통령은 자리에서 물러나야만 했어요. 이 보도로 밥 우드워드는 퓰리처상을 수상했습니다.

당시 기사에는 닉슨 대통령이 연관되어 있음을 알려주는 일명 '딥 스로트(Deep Throat)' 내부 고발자가 등장하는데 내부 고발자의 신원을 끝까지 숨겨주는 전통을 남겼지요. 그는 또한 2011년 9·11 사건 이후에 미국 사회의 흐름 변화에 대한 심층 기획보도로 7명의 후배들과 전국 보도상을 수상하기도 했습니다.

정문태 기자

국제분쟁 전문 프리랜서 기자입니다. 거대 자본으로 왜곡된 국제 언론 구조 속에서 외국인의 시선이 아니라 우리의 시선으로 국제 분쟁을 살펴보자는 포부로 분쟁 현장을 누비는 기자이지요. 1990년부터 분쟁이 있는 곳이라면 어디라도 달려갔고요. 아프가니스탄 내전, 미얀마 민족분쟁·민주항쟁, 파키스탄 민족·종교분쟁, 동티모르·반다아체·일리안자 등 인도네시아의 민족분쟁 등 보통 사람들이 잘 알지도 또는 잘 기억하지도 못하는 분쟁 현장을 찾았습니다. 40여 개국 분쟁지역을 돌아다니며 그 나라의 최고위급 지도자들과 정치인들을 취재하면서요. 그가 쓴 책으로 『전선기자 정문태 전쟁취재 16년의 기록』(2004), 『현장은 역사다』(2010)가 있습니다.

4장

기사 쓰기

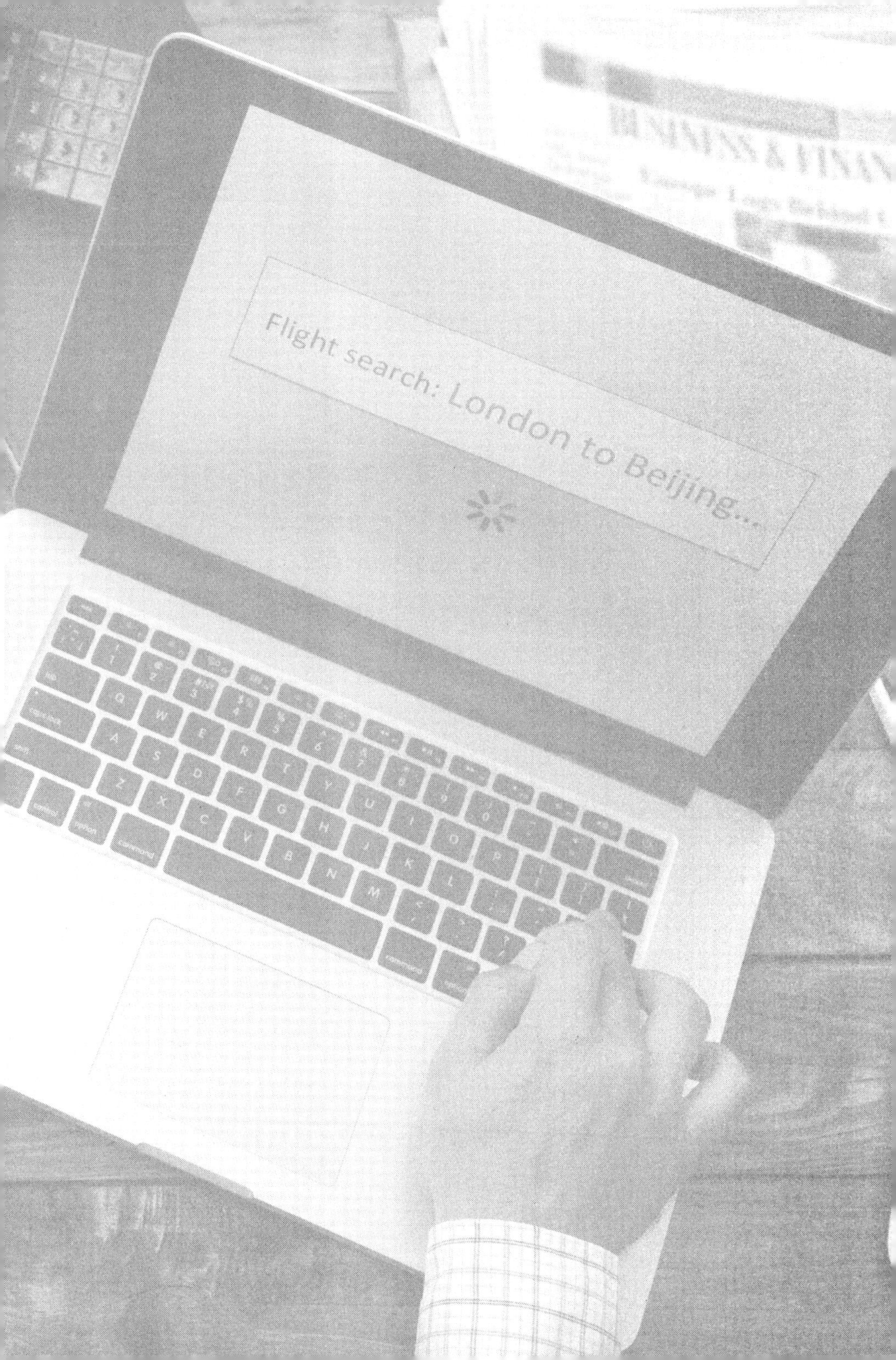
Flight search: London to Beijing...

기사의 유형

이번에는 기자가 된 후 작성하게 되는 기사에 어떤 것들이 있는지, 기사의 종류로는 무엇 무엇이 있는지 함께 알아보려 합니다. 기사를 작성할 때도 내용에 따라 다양한 형식을 구사할 수 있는데요. 함께 둘러 봅시다.

스트레이트 기사

스트레이트 기사는 기사의 가장 기본적인 형식을 따라 쓰는 것입니다. 간단히 말하면 사실(팩트)을 육하원칙에 근거해서 객관적으로 내용을 담아내는 기사이지요.

먼저 기사의 형식을 살펴볼게요. 스트레이트 기사를 쓸 때는 중요도가 높은 내용을 가장 먼저 배치합니다. 그리고 뒤로 갈수록 중요도가 떨어지는 내용을 소개해요. 즉, 생략해도 되는 내용을 뒤쪽에 배치하는 것입니다. 기사 형식이 피라미드를 거꾸로 세워놓은 모양과 같다고 해서 '역 피라미드 형식' 기사체라고도 이야기합니다.

이 방식은 인터넷이 발달하기 전, 전보를 통해 기사를 전송하던 시절에 효율성을 높이기 위해 개발된 것입니다. 기사 전송이 끊길 경우를 대비해 첫 문장만으로도 핵심을 파악할 수 있게 하려고요. 따라서 처음에 가장 중요한 내용을, 중간 부분에 개괄적인 것을, 마지막 문단에 크게 중요하지 않은 내용을 담았습니다. 분량이 넘치면 마지막 문장부터 자를 수 있도록, 그렇게 해도 기사를 이해하는 데 문제가 생기지 않도록 고안된 방식이지요.

내용상으로 볼 때 스트레이트 기사는 해설이나 기자의 사적인 의견을 배제하고 오직 사실만 전달하는 형태입니다. 주로 정보 전달 자체가 목적인 경우가 많아요. 그러므로 스트레이트 기사는 쉽게 읽혀야 하고 길이도 짧아야 합니다. 형용사, 부사 등 수식어를 동원하지 않고 주로 간략한 문체를 사용하지요. 이 유형의 기사는 신문의 모든 지면에서 흔히 볼 수 있지만, 특히 사회면에 나오는 사건사고 기사가 가장 기본적인 스트레이트 기사입니다.

스트레이트 기사의 목적은 팩트 & 정보 전달이다.

스트레이트 기사의 예를 함께 읽어볼까요?

유가 급락에 금융시장 '출렁'… 코스피 간신히 1900선 유지, 외국인 하루 새 5308억 원 매도

두바이유 급락에 국내 금융시장이 크게 출렁였다. 코스피 지수는 1900 근처까지 내려앉았고, 원·달러 환율도 달러당 12원가량 급락했다.

16일 코스피 지수는 전날보다 16.23포인트(0.85%) 내린 1904.13으로 마감했다. 국제 유가 하락에 따른 글로벌 경기 우려로 투자심리가 악화된 상황에서 외국인들이 5거래일 연속 순매도를 이어갔다. 외국인은 이날 하루에만 5308억 원어치를 팔아치웠다. 지난 5거래일간 외국인의 순매도 규모는 1조9000억 원에 이른다. 특히 한국전력은 유가에 연동해 전기요금이 인하될 수 있다는 전망이 나오면서 9% 이상 폭락했다.

원·달러 환율도 떨어졌다. 이날 서울외환시장에서 원·달러 환율은 전날보다 달러당 12.40원 내린 1086.70원에 거래를 마쳤다.

국제 유가 급락에 따른 안전자산 선호 분위기 확산으로

엔화가 상대적인 강세를 나타내자 원화 가치도 덩달아 올랐다. 러시아 중앙은행이 환율 방어를 위해 갑작스럽게 기준금리를 6.5%포인트 인상한 것도 영향을 미쳤다. 엔·달러 환율은 지난주 달러당 120엔대까지 올랐으나 현재 117엔대로 하락했다.

전승지 삼성선물 연구원은 "이번 주 미국 연방공개시장위원회(FOMC) 회의 개최 등을 앞두고 있어 원·달러 환율 낙폭은 제한적일 것"이라면서 "달러당 1090원 후반에서 등락이 예상된다"고 전망했다.

〈임지선·이윤주 기자 vision@kyunghyang.com〉

경향신문 2014년 12월 17일자

스트레이트 기사를 잘 쓰려면 이 형식의 기사에서 중요하게 다루어지는 가치 몇 가지를 잘 구현해야 합니다. 우선, 기사의 첫 문장을 일컫는 '리드(lead)'를 잘 써야 해요. 리드에 기사 전체 내용이 간명하고 명료하게 표현되어야 합니다. 첫 문장으로 독자의 눈을 사로잡을 수 있어야 하는 건데요. 그렇다고 충격적이고 특이한 문장을 쓰라는 건 아닙니다. 전달하려는 바를 정확하고 명확하게 표현해야 한다는 뜻이지요.

객관성은 스트레이트 기사에서 특히 중시되는 가치

입니다. 따라서 기사를 쓸 때에도 최대한 공정하고 객관적으로 써야 하지요. 스트레이트 기사는 사실만 전달하는 기사잖아요? 그런 만큼 자신의 감정이나 판단을 넣으면 안 됩니다. 기자가 직접 현장을 보지 않고 듣지도 않았는데 마치 직접 보고 들은 것처럼 비약해서 써도 안 되고요.

이제 대학교의 언론학 수업에서 많이 강조하는 '3C'를 살펴봅시다. '3C'란 '정확성(Correct), 명확성(Clear), 간결성(Concise)'을 의미합니다.

먼저 정확성은 기사를 쓸 때 사실에 근거하여 구체적이고 정확하게 써야 한다는 것을 의미합니다. 수습기자 시절, 선배들에게 사건 발생을 보고하는 자리에서 가장 많이 듣는 소리가 무엇인지 아세요? "그러니까 구체적으로 그게 뭔데?"라는 질문이에요. 예를 들어 "어린아이가 건물에서 떨어졌다"고 보고하면 바로 선배들이 이렇게 되물어요. "어떤 건물? 몇 미터 건물인데?" 하고요. 그러니까 막연하게 이야기하지 말고 보다 구체적으로 설명하라는 겁니다. 화재사고를 다룬 기사일 경우 단순히 "불이 났다"고만 언급할 게 아니라 "이 불이 몇 분 동안 활활 타오르고 집 안의 어느 정도 면적을 태웠고, 재산 손실은 얼마인지" 등을 정확하고 자세하게 설명해야 하는 거예요.

명확성이란 글을 애매하게 쓰지 않되 상충된 내용을 배치하지 말라는 뜻입니다. 기사는 여러 가지 의미로 해석하게 쓰면 안 됩니다. 즉, 앞 문단에서 A의 관점을 유지하다가 다음 문단에서는 B의 관점에 해당하는 내용을 쓰면 독자들이 헷갈리잖아요? 그러므로 독자가 기사를 읽고 나서 기자가 무슨 말을 하는 것인지를 단박에 알아챌 수 있도록 써야 하는 것입니다.

간결성을 유지하라는 것은 불필요한 단어와 문장을 쓰지 말라는 뜻입니다. 스트레이트 기사란 간결하게 압축적으로 팩트만 담아놓은 기사라고 했잖아요? 그런데 여기에 수식어나 불필요한 내용이 붙으면 기사를 빨리 파악하는 데 방해가 됩니다. 가급적 문장 길이도 짧은 게 좋다고 강조하는 이유이기도 하고요. 즉, 사실 전달이 목적이므로 의미를 직선적으로 쉽게 파악할 수 있도록 수식어를 배제하고, 명사와 동사 위주로 써야 한다는 뜻입니다. 반면 인물 인터뷰라든지 설명하는 기사인 '피처 기사'는 조금 다릅니다. 수식어가 들어가거나 화려한 문장이 들어가도 용서가 되거든요.

스트레이트 기사를 쓸 때는 정확성, 명확성, 간결성을 유지해야 한다.

스토리텔링 기사

요즘은 스토리텔링 기사도 많이 강조되는데요. 이 유형의 기사를 이해하려면 우선 스토리텔링이 무엇인지 알아야겠지요? '스토리텔링'이란 '스토리(story)+텔링(telling)'의 합성어입니다. 말 그대로 "이야기하다"라는 의미인데요. 상대방에게 알리고자 하는 바를 재미있고 생생한 이야기로 버무려 설득력 있게 전달하는 것입니다.

예를 들어볼까요? 자, 여러분이 살인사건을 취재해서 전하는 기사를 쓴다고 가정해봅시다. 만일 이것이 스트레이트 기사였다면 "○월 ○일, 어디에서, 누가, 죽은 채로, 발견됐다"는 식으로 기사가 시작되었을 테지요. '언제, 어디서, 누가, 무엇을, 어떻게, 왜'라는 육하원칙을 담아 정보 전달을 목적으로 작성하는 기사니까요. 그러나 스토리텔링 기사라면 전달 방식이 조금 달라집니다. "해질녘 서울 한복판이 잿빛으로 물들었다"라는 식으로 기사가 시작될 수도 있습니다. 마치 소설의 한 문장 같지 않나요? 이는 현장감을 살리고자 기자가 자신의 감정을 담아 독자를 끌어들이는 방식이랍니다.

스토리텔링 기사는 마치 상황을 묘사하듯 소설처럼 수식어도 사용하고 부드러우면서 유연하게 쓰는 기사입니다. 따라서 어떤 정형화된 형식은 없어요. 하지만 소설처럼 쓴다고 해서 내용을 과장하거나 없는 이야기를 첨가하면 큰일 납니다. 형식만 자유로울 뿐, 상황을 전달해주는 기사의 기본 원칙은 지켜야 하거든요.

아직 우리나라에서는 일반적인 사건사고 기사에서 스토리텔링 기법을 많이 사용하지 않습니다. 그러나 기획 기사라든지, 인물을 소개하는 기사 등에서 사용하는 경우가 점점 늘고 있어요. 스토리텔링 기사는 기자의 필력에 좌우되는 기사인 만큼 글 잘 쓰는 기자에게 유리합니다. 또한 독자들이 재미있게 읽을 수 있다는 장점도 있고요.

스토리텔링 형식으로 작성한 기사를 보고 가야겠지요? 아래 기사는 명확한 스토리텔링 기사라고 보기는 조금 어려운데요. 일단 상황 묘사 기사로 이해하시라는 의미에서 가져온 것입니다.

선생님 멀리 안 가, 너희 만나 행복했어

오전 9시, 서울 강북구 유현초 6학년 2반 설은주 교사

(28)는 입술을 꽉 깨물고 눈물을 참았다. 설 교사는 29명 반 아이들 이름을 한 명씩 불렀다.

"승연아, 공부시간에 자꾸 트럼프 꺼내지 말고…."

"태훈이는 조금 더 자신감을 가져."

"대호는 친구들하고 친하게 지내고."

"주희야, 항상 즐거웠어."

아이들의 어깨가 들썩거렸다. 여기저기서 우는 소리가 들렸다. 아이들은 고개를 들지 못했다.

설 교사는 "너희들이 체험학습 가서, 그래서 선생님이 못 나오는 거 아니니까 당당하게 어깨를 펴. 선생님 멀리 안 가. 금방 올 거야"라고 말했다. "선생님도 너희들을 만나서 행복했어"라고 말하는 설 교사의 눈이 빨개졌다.

30여 분간 인사가 진행되는 동안 교실 바깥에서 교장·교감이 이제 그만 나오라고 계속 손짓을 했다. 운동장을 가로지르는 설 교사를 향해 아이들은 창문에 매달려 "꼭 다시 오세요"라며 손을 흔들었다. 설 교사의 눈에서 왈칵 눈물이 쏟아졌다.

(…)

파면 통고를 받은 서울 은평구 구산초 정상용 교사(42)의 마지막 출근은 학교 측이 가로막았다.

정 교사는 학부모들의 도움으로 교실에 들어갈 수 있었

다. 정 교사는 4교시까지 '읽기' '수학' 수업을 진행했다. 늘 시끄럽게 떠들던 아이들도 이날은 조용했다. 정 교사는 '마지막 선물을 주겠다'는 아이들에게 "마지막이 아니니까 선물을 받을 수 없다. 이제 학교 밖에서 싸움을 하는 것일 뿐"이라고 말했다.

(…)

해임된 최혜원 교사(25)는 길동초등학교 아이들 35명을 한 명씩 껴안았다. 최 교사는 "서로 사랑하며 보듬어주며 살라"고 말하면서 그만 눈물을 참지 못했다. 교실은 울음바다로 변했다.

(…)

학교에서 선생님을 만나지 못한 서울 청운초 6학년 4반 아이들은 김윤주 담임교사(33)에게 '선생님 꼭 다시 돌아오세요' '사랑해요'라는 문자 메시지를 보냈다.

한 학생은 "제가 선택해서 시험을 안 봤는데 왜 선생님을 학교에 나오지 못하게 하나요. 제가 어른이라면…"이라며 말을 잇지 못했다. 교사들은 교원소청심사위원회에 소청을 낼 계획이다.

〈임지선 기자 vision@kyunghyang.com〉

경향신문 2008년 12월 17일자 기사의 일부분

여러분도 학교에서 일어나는 일을 기사로 한번 써 보세요. 하나는 스트레이트 기사 형식으로, 다른 하나 는 스토리텔링 형식으로 연습해보기를 권합니다. 매 일 쓰는 일기를 기사 형식으로 써보는 것도 좋은 방법 중 하나겠지요?

좋은 **기사**가 기자를 빛낸다

기사의 형식을 이해했으니 이번에는 좋은 기사를 쓰려면 어떤 노력을 해야 하는지 알아봅시다. 글만 잘 쓴다고 해서 좋은 기사를 쓸 수 있는 건 아니거든요. 즉, 기사의 형식을 잘 이해했거나 문장력이 월등하다고 해서 반드시 좋은 기사가 나오는 것은 아니라는 뜻인데요. 좋은 기사를 쓰는 기자들에겐 어떤 노하우가 있는 걸까요?

사람을 많이 만나라

제가 기자가 되고 나서 가장 많이 들었던 조언 중 하나가 "사람을 많이 만나라"입니다. 기사의 소스는 여러 가지가 있어요. 특히 인터넷이 등장하면서 기사의 소재를 얻을 수 있는 무궁무진한 세계가 열렸는데요. 요즈음은 SNS(Social Network Service)가 한몫 톡톡히 하고 있습니다. 접근하기 어려운 곳의 이야기조차

SNS를 통해서 쉽게 접할 수 있게 되었거든요. 그러나 가장 중요한 루트는 여전히 '사람'을 통한 것입니다. 사람을 만나야만 새로운 정보나 새로운 시각을 가장 먼저 생생하게 들을 수 있으니까요. 또 그 사람만이 말해줄 수 있는 내용도 있고요. 중요하고 높은 자리에 있는 인물일 경우 특히 그렇답니다.

기자가 만나는 사람을 보통 '취재원'*이라고 부릅니다. '취재를 하는 대상'이라는 뜻인데요. 기자들 가운데는 간혹 취재원을 직접 만나는 것을 꺼려하는 사람이 있습니다. 잘 모르는 사람을 만나서 이 이야기, 저 이야기를 꺼내면서 본인이 원하는 정보를 캐내기란 쉬운 일이 아니잖아요. 물론 긍정적인 내용이라면 그나마 쉽게 털어놓겠지만, 상대방이 말하기 꺼려하는 내용이라든지 감추고 싶은 내용일 경우에는 어떻게 해서든 피하려 들게 마련입니다. 낯가림이 심한 취재원을 만나면 더욱 힘들 테고요. 이때 상대방의 마음을 열고 말문을 트이게 하려면 기자 쪽에서 질문을 잘 던져야 합니다.

사실 이런 과정은 양측 모두에게 힘듭니다.

*취재의 가장 중요한 부분이 '취재원'이다. 어떤 기사의 내용이 기자 혼자 주장하는 바가 아니라 객관적이고 신뢰성 있다는 것을 보여주기 위해서 필요한 사람이다. 주로 교수 같은 전문가들이 그 역할을 맡는다. 또한 반드시 전문가가 아니어도 현장 상황을 그대로 전달해줄 수 있는 사람, 예를 들어 화재 사건의 목격자처럼 어떤 사건에 대해 잘 아는 사람이라든지 기사의 사례가 되는 일반인 등이 취재원으로 등장하기도 한다. 보통 기사에 독자의 이해를 돕기 위해 취재원의 나이라든가 성별, 직업 등을 써준다. 좋은 기사에는 취재원이 여럿 등장한다. 객관성과 공정성을 유지하기 위해 다른 의견을 가진 사람을 많이 등장시켜야 하는 탓인데, 첨예하게 대립되는 사안일 경우 한쪽 의견만 들어서는 안 되기 때문이다. 반면 어떤 기사에는 익명의 취재원이 등장한다. 흔히 '관계자'로 표현되는 사람으로 정치나 법조계에서는 취재원이 신분 공개를 꺼려하는 경우가 많아서 이 같은 방법을 사용하는 것이다. 가능하면 익명 취재원을 쓰지 않는 편이 좋지만 어쩔 수 없는 경우에는 용인을 한다.

그렇지만 그 사람, 그 취재원만이 해줄 수 있는 말이 있으므로 아무리 곤란하고 어색해도 먼저 말을 건네야 해요.

기자들에겐 평소 취재원과 친분 관계를 잘 쌓아두는 것이 큰 덕목이 됩니다. 자주 연락하고 만나면서 좋은 관계를 유지해야 해요. 우리가 보통 "인맥을 형성해둬라!"고 말하는 부분입니다. 예를 들어 복지 정책을 담당하는 공무원 K가 있습니다. 그 분야에서 알아주는 주요 인물이에요. A기자는 평소에도 자주 그를 찾아가 이런 저런 이야기를 나누면서 친분을 유지합니다. 그의 생각도 들어보고 이슈도 챙기고요. 그런데 B기자는 큰 사건이 터질 때만 전화를 해요. 이럴 경우 어느 쪽이 더 좋은 기사를 쓰고, 좋은 이슈를 발굴할 수 있을까요? 예, 당연히 K에게 자주 연락하고 평소에도 관심을 보여주던 A기자겠죠? 취재원과 자주 만나고 부딪칠수록 하나라도 더 들을 수 있다는 것, 꼭 기억하세요. "눈에서 멀어지면 마음에서도 멀어진다"는 말은 취재원과 기자 사이에도 해당됩니다.

그런데 취재원과의 만남은 사실 사람과 사람의 만남이라는 점에서 다른 경우와도 비슷합니다. 기자가 사람을 만나서 대화하는 걸 좋아해야 하는 이유이지

요. 앞에서 제가 기자의 필수 덕목 중 하나가 친화력이라고 말한 적이 있는데요. 누군가를 처음 만나서 쉽게 친해지고 상대를 편하게 해줄 수 있는 능력이 있다면 금상첨화일 것입니다. 어른들이 흔히 "넉살 좋다"고 하거나 "너스레를 잘 떤다"고 표현하시는 그것이 바로 일종의 친화력이랍니다.

물론 취재원과의 친분이 때로는 독이 될 수도 있어요. 평소 잘 알던 취재원을 비판해야 하는 상황이 올 수 있으니까요. 그럴 때면 인간적으로 무척이나 괴롭습니다. 친한 사람을 비판하는 기사를 써야 하는데, 그게 어디 쉬운 일입니까? 그럼에도 기자는 객관적이어야 하는데요. '불가근 불가원(不可近 不可遠)'이라는 말은 기자와 취재원 사이에도 딱 들어맞는 경구입니다. 따라서 기자들은 취재원과의 관계를 어떻게 유지하느냐를 두고 항상 고민에 빠질 수밖에 없습니다.

복잡한 사회현상을 이해하라

기사는 우리 주변에서 일어나는 일, 즉 사회의 여러 현상을 다룹니다. 그런데 문제는 사회란 곳이, 세상이라는 곳이, 우리가 생각하는 것만큼 단순하지 않다는 데 있어요. 단칼에 자를 수 있는 일이라면 누구나 기사를 쓰고, 기사 쓰는 일을 그렇게 어렵게 여기지도 않을 것입니다. 그냥 무엇이 문제고, 누가 잘못했고, 어떻게 하면 된다고 쓰면 끝날 테니까요. 하지만 세상 일은 무 자르듯 단칼에 자를 수 없습니다.

여러분이 하루 대부분을 보내는 교실을 떠올려보세요. 다양한 친구들이 있을 거예요. 모두 개성도 다르고, 성격도 다르고, 생각도 다른 친구들입니다. 사회도 마찬가지예요. 사회 구성원들의 생각하는 바가 저마다 다르기 때문에 어떠한 문제가 발생했을 때 단일한 시각만 고집할 수 없습니다. 이 사람 입장에서도, 저 사람 입장에서도 생각해보아야 하지요.

몇 년 전 크게 사회 문제가 되었던 '밀양 송전탑 사건'을 떠올려보세요. 조용한 시골 마을 한가운데로 아주 높은 전압이 흐르는 송전탑이 세워지게 되었습니다. 그런데 이 송전탑을 밀양에 세우게 된 과정이 투명하지 못하다는 지적이 제기되었어요. 주민들의 의견을 반영하지 않고 정부와 공기업이 밀어붙였기 때문입니다. 결국 할아버지, 할머니들이 강하게 반대하는 과정에서 경찰과 충돌해 다치는 일이 벌어졌지만, 송전탑은 기어이 세워졌지요.

단순히 정부의 말만 들으면 마을 주민들이 무조건

반대한다고 생각할 수도 있을 테지만, 주민들의 말을 들어보면 상황을 다르게 바라볼 수 있습니다. 전기도 필요하고, 환경문제도 걱정하지 않을 수 없고…. 그야 말로 복잡한 쟁점이 얽혀 있는 사건이었습니다. 그러므로 이 일은 정부의 말만 옳다고 받아들인다든가 마을 주민들의 시위에만 집중할 수 없는 경우였어요. 어느 한 측의 시각에만 집중하기보다는 송전탑 건설이 어떻게 밀양으로 결정됐는지, 그 과정이 어떠했는지, 건설 과정이나 그 이후 문제점이 발생할 때 이를 어떻게 처리할 것인지를 자세하게 들여다봐야 합니다. 어떤 사건이나 쟁점을 바라볼 때 단순히 그 시점에서 벌어진 현상만 보아서는 안 된다는 뜻입니다. 더욱이 기자가 되려는 마음을 품은 친구들이라면요.

눈앞의 현상에만 집착하지 말고 배후를 분석하고 통찰하라.

또한 기사를 쓸 때는 과거 다른 지역에서는 이와 유사한 사례가 없었는지도 생각해봐야 합니다. 외국에는 이 같은 경우가 없었는지, 우리가 참고할 만한 사례는 없는지 일일이 조사하고 확인해야 해요. 그러고 난 후에 쓰는 기사의 질은 눈앞의 사건에만 매달린 즉석 취재 기사보다 훨씬 뛰어날 수밖에 없을 것입니다. 고민이 많이 담긴 기사일수록 훌륭한 기사니까요.

화두를 제시하라

기사는 이미 벌어진 사건사고를 다루기도 하지만 우리가 미처 생각하지 못했던 부분이나 잊고 있었던 문제를 화두로 던져주는 역할도 합니다. 이를 조금 어려운 말로 하면 '언론의 의제 설정 기능'이라고 해요.

2012년 초 〈경향신문〉에서는 '10대가 아프다'라는 기획 시리즈를 보도했어요. 살인적인 경쟁에 내몰린 10대가 무슨 고민을 하고 무엇 때문에 힘들어하는지 들여다보자는 취지였습니다. 그런데 그즈음 학교 폭력 사건이 발생했고 이것이 사회적으로 논란이 되면서 신문사의 기획 시리즈가 더욱 주목을 받았지요. 기획 기사에서 대통령이 학교 폭력 학생들을 만나야 한다고 제안했더니 대통령이 이에 응답하는 일도 있었고요.

2015년 〈한겨레신문〉에서 연재했던 '부끄러운 기록, 아동학대' 시리즈 역시 화두를 던진 기사예요. 2008~2014년 학대로 숨진 아이들에 대한 이야기를 기자들이 직접 만나서 죽음의 뒤편에 가려진 진실을 추적했습니다. 그동안 우리가 몰랐던 내용은 아니지만 사회에 다시 한 번 이 문제를 들여다보자고 촉구했던 기사인데요. 이 문제 역시 2015~2016년 친부모가 아이를 학대, 죽음에 이르게 된 사건이 잇달아 발생하면서 다시 주목을 받았습니다.

세상에는 문제가 될 만한 이야기들이 널려 있습니다. 수면 아래서 곪고 썩고 있고 있는데 우리가 외면하고 있거나 또는 미처 인식하지 못한 문제들이 참 많거든요. 이 같은 문제를 기사로 써서 화두로 던지면 사람들의 관심을 모을 수 있습니다. 그런 관심이 많이 모일 때 정책에도 변화가 올 수 있는 거고요.

객관적이고 공정하라

기사는 객관적이고 공정해야 합니다. 모두가 알고 있는 원칙이지요? 어느 한쪽 편 주장만 듣고 기사를 쓰면 안 되고, 양쪽의 의견을 모두 들어야 한다는 뜻입니다. 때로 특정 주장을 담은 기사를 쓰더라도 상대편의 반론도 함께 실어줘야 해요. 그렇다고 기계적으로 "A는 이렇고 B는 이렇다"는 식으로 나열하는 것은 의미가 없지만요.

언론학자들은 "기사는 100% 객관적일 수 없다"고 말합니다. 그 이유를 함께 생각해봅시다. 먼저 넓은 의미에서 살펴볼게요. 기자는 한 사회의 구성원으로서 그 사회의 문화, 가치관을 다른 이들과 공유하는 사람입니다. 예를 들어 한국 기자와 독일 기자가 있어요. 그런데 이들의 가치관과 문화는 조금 다릅니다. 따라서 이 두 사람이 동일한 사건을 취재한다고 했을 때 기사의 포인트를 바라보는 시각도 달라질 수 있어요. 이번에는 좁은 의미에서 살펴볼게요. 기자는 기자라는 직업인이기 전에 인간입니다. 인간으로서 스스로 학습하고 지켜온 관점이 있을 수밖에 없지요. 객관적이어야 한다는 기사에 기자 스스로의 가치관 등등이 알게 모르게 영향을 미치는 이유랍니다. 이 같은 배경 때문에 "객관적인 기사는 없다"고 단언하는 사람도 있는 거예요.

저는 기사의 객관성과 공정성은 기자의 의도 여부에 따라 판단할 수 있다고 생각합니다. 그러므로 기자들은 어떤 사안을 대할 때 최대한 중립적인 시선을 유지해야 합니다. 정말 어렵지요? 현직 기자들도 늘 고민하는 부분이랍니다.

예비기자 휴게실

기자들이 많이 쓰는 은어 및 용어

◆ 1진 선배 : 수습기자의 바로 직속 선배를 말해요.
수습기자는 1진 선배에게 매일 보고하고 지시를
직접 받습니다.

◆ 나와바리 : '경계'를 뜻하는 일본어(なわばり)입니
다. 자신의 취재 담당 구역을 의미합니다.

◆ 낙종(落種) : 특종의 반대말로 특종을 다른 언론사
에 빼앗기는 것을 말합니다.

◆ 딥 스로트(Deep Throat) : 익명의 제보자를 뜻합니
다. 워터게이트 사건을 폭로한 기자들이 제보자를
당시 유행하던 포르노 영화의 제목인 '딥 스로트'
라고 부르면서 이 뜻으로 사용되기 시작했습니다.

◆ 바이스 : 사건 팀의 부팀장을 지칭합니다. 경찰청
을 출입하고 주로 수습 교육을 담당합니다.

◆ 백그라운드 브리핑(background briefing) : 정부 등
의 취재원이 뉴스와 관련된 사안을 설명하는 것으

로 특별한 경우를 제외하고 보도를 하지 않거나 익명으로 보도하는 것이 관례입니다.

◆ 벽치기 : 문틈에 귀를 대고 안에서 나오는 소리를 듣는 행위에요. 정치인들이 회의할 때 회의에서 오간 내용을 알기 위해 주로 벽치기를 하는데요. 정치부나 사회부의 법조 팀에서 자주 쓰는 말입니다. 드라마「피노키오」에서 경찰서에 배속된 수습기자가 문에 청진기를 대고 대화를 엿듣던 장면을 떠올리면 됩니다.

◆ 보도자료(報道資料) : 정부나 기업 등이 홍보를 목적으로 어떤 사건이나 행사에 대하여 언론 매체에 배포한 자료를 말합니다.

◆ 보도지침(報道指針) : 제5공화국 당시 문화공보부가 신문사와 방송사에 은밀히 하달한 보도에 대한 지시 사항입니다.

◆ 뻗치기 : 사건 당사자가 조사를 받거나 취재해야 할 사안이 있을 때 무작정 취재원을 기다리는 것을 말해요. 예를 들어 사회적 파장을 일으키고 잠적한 인물이 있다면 그 사람의 집 앞에서 무작정 24시간 기다리는 것이에요.

◆ 사스마리 : 경찰서를 순회하면서 사건사고를 살

핀다는 의미예요. 이 역시 일본어인데요. '경찰'을 뜻하는 일본어 '사츠(察巡)'와 '돈다'는 '마와루(回る)'에서 파생된 말로 수습기자가 1~4개월가량 경찰서 등을 돌며 사건을 찾는 과정을 말합니다. 한국 언론계는 보통 경찰서에서 수습기자 교육 과정을 거칩니다.

◆ 야마 : "야마가 뭐야?" 기자들이 흔히 하는 질문입니다. 야마는 '산(山)'을 뜻하는 일본말로 일본어 '야마(やま)'에서 유래했습니다. 기자들은 이 말을 '기사의 주제, 핵심'이라는 의미로 사용하지요. 즉 "야마가 뭐야?"라는 것은 "이 기사의 주제가 뭐야? 기사가 말하고자 하는 바가 뭐야?"라고 묻는 것입니다.

◆ 얘기된다 : 제보를 받거나 현장에서 접한 내용이 모두 다 기사화할 만한 내용은 아닙니다. 사회적으로 중요한 문제라든지 또는 파급력이 큰 사안인지 등 기사 가치에 부합하는지 따져보고 기삿거리가 되면 기자들은 "얘기된다"고 말합니다.

◆ 엠바고(embargo) : 보도를 일정 시점까지 유예하는 것을 말합니다. 은어는 아니고 언론계에서 통상적으로 쓰이는 용어지요. 취재 대상이 기자들을 상대

로 보도 자제를 요청하거나 기자실에서 기자들 간
의 합의에 따라 일정 시점까지 보도를 유예하자고
합의하는 것인데요. 약속을 지키지 않을 때는 기자
들끼리 자체 징계를 내리기도 합니다. 엠바고를 지
켜야 할 때도 있지만 언론사 입장에 따라 달리 행
동할 수도 있어서 종종 논란거리가 됩니다. 취재
편의주의와 국민의 알권리 침해라는 비판이 동시
에 일거든요.

◆ 오프 더 레코드(off the record) : 쉽게 말해 취재 대
상이 말은 했지만 그 말을 보도하지 않기로 약속하
는 것입니다. 취재 대상이 오프 더 레코드를 요구
하면 기자는 그 내용을 기사화하지 않습니다.

◆ 온 더 레코드(on the record) : 오프 더 레코드의 반
대말로 보도를 전제로 한 발언을 뜻합니다.

◆ 캡 : 사회부 경찰 팀, 사건 팀을 맡은 팀장을 말합니
다. 서울시 경찰청을 담당하면서 사건 팀 기자들을
총괄하고 기사 아이템을 조율하고 지시를 내리는
일을 하지요. 사회면의 사건 기사 전체를 아우른다
고 보면 됩니다. 언론사에서는 회사의 선배들과 후
배들 사이를 연결하는 중간 다리 역할을 하지요.

◆ 특종(特種) : 언론사가 단독으로 어떤 뉴스를 보도

하는 것을 말합니다.

◆ 황색언론(黃色言論, yellow journalism) : 원시적 본능을 자극하고, 흥미 본위의 보도를 함으로써 선정주의적 경향을 띠는 저널리즘을 이릅니다. 주로 독자의 시선을 끌기 위해 인간의 불건전한 감정을 자극하는 범죄 · 괴기 사건 · 성적 추문 등을 과대하게 취재 · 보도하는 저널리즘의 경향인데요. 공익보다 선정성 경쟁에 입각해 기사를 작성하고, 사실 관계를 파악하는 일에 소홀한 것이 특징입니다. 신문이 산업화되던 19세기 말, 미국 언론인의 표상으로 간주되는 퓰리처가 운영하던 〈월드〉, 그리고 그의 라이벌이던 언론 재벌 허스트가 운영하던 〈뉴욕 모닝 저널〉은 유례없는 '만화 전쟁'을 벌였는데요. 허스트가 퓰리처 신문의 간판 상품인 만화 '옐로키드'를 스카우트하자 퓰리처는 '옐로키드'를 다시 데려오는 등 한동안 싸움을 계속했습니다. 이 때문에 언론들이 선정성 경쟁을 벌이는 것을 '옐로저널리즘'이라고

옐로 키드

부르게 되었답니다. 현재 언론사의 가장 큰 문제로
지적되는 문제가 바로 만화 때문이었다니, 좀 어이
가 없지요?

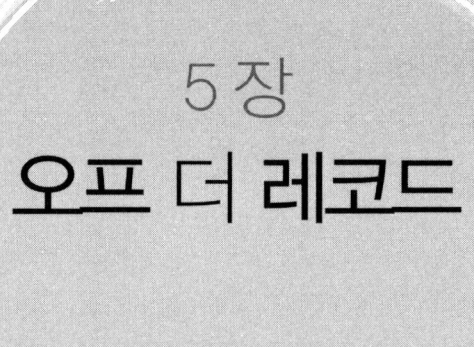

5 장
오프 더 레코드

신문의 미래

지금까지 우리는 주로 신문이라는 매체를 이야기했어요. 그런데 신문을 낯설어하는 친구들이 훨씬 더 많을 것입니다. 많은 사람들이 뉴스를 보더라도 종이 신문보다 인터넷을 선호하니까요. 여러분도 혹시 종이 신문을 보았던 적이 언제였던가 하면서 기억을 더듬고 있는 건 아닐는지요. 이번에는 신문의 미래에 대해 이야기해볼까요?

종이 신문은 정말 없어질까?

사실 불과 몇 년 전만 해도 지하철을 타면 신문을 읽는 사람이 많았습니다. 선반 위에 놓인 신문도 간간히 눈에 띄었고요. 그러나 지금은 지하철에서 신문을 읽는 사람을 찾아보기가 굉장히 어렵습니다. 지하철 매점 가판대에서나 볼 수 있을 뿐, 이제는 다들 신문보다는 스마트폰으로 뉴스를 봅니다. 특히 어른들보다 청소년

충에서 신문을 읽지 않는 비율이 높아져 가고 있는데요. 이것은 신문 산업 입장에서 보면 미래 독자가 줄어든다는 이야기와 다름없습니다. 종이 신문이 사라지는 것 아니냐는 관측들이 나오는 배경이지요.

신문은 지금 매체로서의 격변기를 지나는 중입니다. 종이 신문의 '위기'라는 말도 이제는 워낙 언급이 많이 된 탓에 더 이상 '위기'처럼 느껴지지 않을 정도지요. 얼마 전에도 "몇 년 안에 신문이 사라질 것"이라는 등 "신문기자는 없어질 직업 중 하나다"라는 등 이런 저런 말들이 돌았는데요. 외국에서는 벌써 종이 신문을 폐간하고 인터넷으로만 뉴스를 제공하겠다는 언론사도 생겨났답니다. 가장 먼저 종이 신문을 폐간한 곳은 미국 일간지인 〈크리스천사이언스모니터(CSM)〉입니다. 이곳은 2009년에 이미 온라인 매체로 전환하겠다고 선언했는데요. 당시에는 이 일을 미국에서 일어난 글로벌 금융 위기로 인한 적자 탓이라고 여겼지만, 지금은 모두들 신문 폐간이 단순한 경영상의 문제라고만 보지 않아요. 사람들이 종이 대신 모바일로 뉴스를 접하는 일이 점점 늘어나는 추세니까요. 2016년 3월 말에는 영국 일간지 〈인디펜던트*The Independent*〉*

*영국의 일간 신문이다. 흔히 '인디'(Indy)라는 애칭으로 불리며, 일요일 판은 '신디'(Sindy)라는 애칭으로도 불렸다. 1986년 창간된 이 신문은 역사 면에서 영국의 일간 신문 중 가장 젊은 신문에 속한다.

가 종이 신문을 발행을 멈췄습니다. 2016년 3월 26일 (현지시각) 자가 마지막이었는데요. 이날 신문 표지에 'STOP PRESS'라고 적혀 있었습니다. '인쇄를 멈추다'는 뜻이지요.

그러면 정말로 신문이 없어지는 걸까요? 사실 신문의 미래는 누구도 예측할 수 없습니다. 텔레비전이 처음 세상에 등장했을 때도 다들 그 이전 매체인 라디오가 없어질 거라고 예견했거든요. 라디오를 올드 매체로 취급하면서 라디오의 죽음을 공언했습니다. 그러나 라디오는 지금도 건재합니다. 여전히 많은 청취자들을 확보하고 있어요. 저는 신문 산업도 그렇게 비관적인 것만은 아니라고 생각해요.

생각해봐야 할 점은 종이 신문은 단지 형식일 뿐이며, 기사는 내용이라는 것입니다. 우리가 자주 접하는 인터넷 뉴스는 결국 사람이 만듭니다. 기자들이 써내는 기사가 없다면 인터넷 뉴스도 존재하지 못해요. 따라서 저는 기자라는 직업은 미래에도 존재할 것으로 전망합니다. 다만 뉴스와 기사를 전달하는 통로가 종이 위주에서 인터넷이나 컴퓨터, 페이스북과 같은 온라인이 되는 것뿐이지요.

물론 요즘은 기자 이외에도 많은 블로거들이 직접

뉴스를 생산하기도 합니다. 그런 분들까지 합치면 굉장히 많은 기자들이 존재하는 것이지요. 2014년 12월 기준으로 한국기자협회에 공식적으로 등록된 신문사, 방송사, 인터넷 신문사만 해도 180곳인데요. 등록되지 않은 곳도 있을 테니 언론사가 엄청 많은 셈입니다. 이 많은 언론사에서 수십 명, 수백 명의 기자들이 기사를 한 건씩만 쓴다 해도 그 양이 굉장할 것입니다. 이때 무엇보다 중요한 것은 '콘텐츠'예요. 즉, 뉴스의 홍수 속에서 얼마나 차별화된 콘텐츠를 제공하느냐가 더 중요하게 여겨지는 시대가 온 것입니다.

인터넷에 접속해서 뉴스 판을 한번 쭉 둘러보세요. 단편적인 내용을 담은 기사들은 넘쳐납니다. 그런데 이렇게 뉴스가 넘쳐나다 보니 주목도는 오히려 떨어지는 상황이에요. 다들 시간이 없다고 핑계를 대면서 짧은 뉴스만 소비하는 것처럼 보이지만 사람들은 여전히 쏟아지는 정보를 단편적으로 전달하는 데 그치지 않고 이를 종합적으로 분석하고 의미를 만들어주는 기사, 철학이 있는 기사, 책처럼 저장해두고 싶은 기사를 찾고 있습니다. 이런 일들은 누가 하나요? 예, 기자입니다. 사회 현상을 통찰력 있게 분석하는 기사, 알지 못했던 부분을 깨닫게 해주는 기사 등 좋은 콘텐

차별화된 콘텐츠, 통찰력 있는 콘텐츠를 만들어내는 것은 기자의 몫이다.

츠를 만들어내는 사람은 결국 기자입니다.

종이 신문을 폐간한 영국의 〈인디펜던트〉 지도 마지막 종이 신문 사설에서 "오늘부로 윤전기는 멈췄고, 잉크는 마르고 종이는 더 이상 접히지 않을 것"이라고 했지만 "한 장이 끝나면 새로운 장이 열리는 것이기 때문에 인디펜던트의 정신은 계속 꽃피울 것"이라고 언급했습니다. 종이 신문은 사라질지 몰라도 기사는 남을 거라는 뜻이지요.

물론 기사 자체에도 변화가 있을 것입니다. 우리가 당연하게 생각하던 글자만 있던 형태가 아니라 동영상, 그림, 그래픽 등을 조화롭게 활용하는 복합적인 형태로 바뀌겠지요. 그러한 변화는 이미 우리 주변에서 감지되고 있잖아요? 바로 온라인 저널리즘의 탄생입니다.

온라인 저널리즘

특종 보도나 발굴 보도 등은 독자의 눈을 사로잡는 고전적인 방식의 기사입니다. 그러나 최근에는 보다 새로운 형식들이 시도되면서 점차 자리를 잡아가는 중인데요. 흔한 예로 동영상이나 인터랙티브 기사, 인포그래픽을 활용한 기사를 들 수 있겠네요. 길고 어려운 내용을 글자로만 접하면 읽는 사람이 힘드니까 좀 더 편하게 읽으라고 영상, 그래픽, 표, 숫자, 멀티미디어 등 다양한 수단을 동원하여 기사를 친근하게 만들어 주는 것인데요. 이들이 바로 인터랙티브 기사, 인포그래픽 기사입니다.

우선 언론사들은 동영상 뉴스에 집중하고 있습니다. 우리나라 신문사들이 동영상 뉴스를 시작한 것은 2005년 무렵부터입니다. 이때는 주로 뉴스 브리핑을 짧은 동영상으로 제공했지만, 페이스북과 유튜브가 보편화된 지금은 대부분의 언론사가 동영상 서비스를 보편화했지요. 일반 기사에 짧은 영상을 덧붙이는 방식도 있고, 동영상 뉴스만 제공하기도 하고요. 특히 SNS가 사람들의 생활 한가운데로 파고들면서 모바일 동영상이 더욱 중요해졌습니다.

동영상이 온라인 저널리즘의 기본이라면 여기서 한 발 더 나아간 것이 인터랙티브 기사입니다. 어떤 내용인지 한번 살펴봅시다.

2012년 12월, 미국의 〈뉴욕 타임스*The New York Times*〉*가 전 세계 독자들을 사로잡는 일이 벌어졌습니다. 미국 워싱턴 주 캐스케이

*미국의 대표적인 일간지로 1851년에 창간되었다. 처음에는 특유의 뛰어난 체제가 주목을 받아 인기를 얻었고, 순조롭게 발행 부수를 늘려나갔다. 남북 전쟁 후 남부에 대해서만 관대했던 논조가 반감을 불러 일으켜 일시적으로 성장이 침체되기도 했지만, 20세기에 들어 세계 각지에 취재 네트워크를 구축하여 현재는 〈워싱턴 포스트〉나 〈월 스트리트 저널〉과 어깨를 겨루며 미국을 대표하는 고급 신문으로 지위를 확립했다.

드 산맥에서 일어난 눈사태를 영상과 글을 함께 보여주고 들려주면서 새로운 형식의 뉴스를 내보낸 거예요. '스노우 폴(Snow Fall·강설)' 기사를 단순히 눈사태가 발생했다는 정보만 전달한 게 아니라 독자들이 자기 눈앞에서 눈사태를 보는 것처럼 영상을 제공하고, 더욱이 1만7000여 자의 글자를 이야기로 녹음해서 들려준 것입니다. 기사를 '읽는다'는 종전의 개념을 뒤집고 '본다'와 '시청한다'는 개념을 도입한 것이지요.

스노우 폴 기사의 반응은 정말 대단했습니다. 단 6일 만에 290만 명이 〈뉴욕 타임스〉 웹사이트를 방문했고, 트위터에서도 1만 번의 트윗이 이어졌거든요. 개인의 뉴스 소비도 늘었다는 기사도 나왔고요. 그 후 이 기사는 저널리즘에서 새로운 이정표가 되었습니다. 2013년에 퓰리처상도 수상했고요.

〈뉴욕 타임스〉는 2009년부터 편집국 내에 인터랙티브 뉴스 팀을 두고 여러 가지 시도를 하고 있습니다. 예를 들어 '뉴욕에서 택시 잡기 가장 좋은 곳은?'이라는 인포그래픽 기사도 있어요. 9000만 건의 뉴욕 택시 승하차 데이터를 기반으로 택시가 승객을 태운 시간과 장소를 분석해서 맨해튼의 택시 운행 흐름을 한눈에 파악할 수 있도록 한 것인데요. 이 내용을 글로만 길게 나열하면 독자들이 지루해할 수 있으니 그래픽을 통해 시각적으로 보여준 것입니다.

영국의 일간지 〈가디언*The Guardian*〉*도 인터랙티브 뉴스, 인포그래픽 뉴스 면에서 한 발 앞서나가는 언론사입니다. 가디언이 만든 뉴스 중에는 1차 세계대전 전후 상황을 다큐멘터리 형식의 영상으로 재구성한 것도 있는데요. 이 영상은 해설과 함께 1차 세계대전의 발단과 세계 강대국의 식민지 쟁탈 양상, 전쟁 후 피폐해진 모습 등을 심층적으로 설명했답니다.

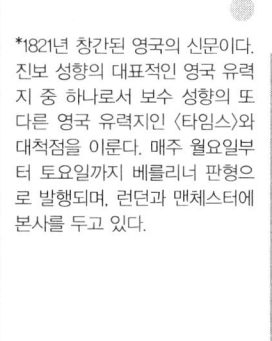

*1821년 창간된 영국의 신문이다. 진보 성향의 대표적인 영국 유력지 중 하나로서 보수 성향의 또 다른 영국 유력지인 〈타임스〉와 대척점을 이룬다. 매주 월요일부터 토요일까지 베를리너 판형으로 발행되며, 런던과 맨체스터에 본사를 두고 있다.

인터랙티브 뉴스의 특징은 놀라울 만큼 다양한 내용들을 기사로 구현한다는 점입니다. 현재 지구상에서 벌어지고 있는 사건들뿐 아니라 과거의 일까지 자세히 보여주니까요. 흥미를 유발하고, 독자의 참여를 이끌어내며, 정보를 보다 쉽게 전달할 수 있다는 점이 인터랙티브 뉴스나 인포그래픽의 장점이라 할 수 있습니다.

이제 우리나라 언론사들도 이 같은 인터랙티브 뉴스를 만들고 있는데요. 언론사별로 상황이 다르지만, 편집국 내에 별도로 인터랙티브 뉴스 팀, 온라인 기획 팀을 만들어서 새로운 형식의 콘텐츠를 만들려고 애쓰는 중입니다. 예를 들어 〈경향신문〉의 '그놈 손가락'이라는 인터랙티브 뉴스는 국가정보원과 군 사이버사령부가 2012년 대선 과정에 개입한 복잡한 사건을 한눈에 알기 쉽고 재미있게 풀어낸 콘텐츠랍니다. 이미 다 알려진 과거의 뉴스이지만 영상과 멀티미디어 등을 동원하여 재구성함으로써 다시 한 번 주목을 받았지요. 5일 만에 15만여 명이 방문했고, 40만 명 넘는 페이지뷰를 기록했을 정도입니다. 이 콘텐츠는 2014년 제3회 한국온라인저널리즘 어워드의 멀티미디어스토리텔링 부문에서 상을 받았답니다.

최근에는 가상현실 저널리즘도 등장했습니다. 이를 가상현실, 버추얼 리얼리티(virtual reality), 즉 'VR 저널리즘'이라고 부릅니다. 가상현실이란 실제로 존재하지 않지만 컴퓨터 기술로 사람들의 시각, 촉각, 청각을 자극해 마치 눈앞에 실제로 존재하는 것처럼 느끼게 해주는 기술인데요. 2015년 11월 5일 〈뉴욕 타임스〉는 아프리카와 중동 내전으로 난민이 된 아이들의 이야기를 가상현실 뉴스로 처음 보도하여 주목을 받았습니다.

스마트폰에서 〈뉴욕 타임스〉 가상현실 앱을 다

운받아 이용할 수 있게 하고, 〈뉴욕 타임스〉 구독자들에게는 무료로 가상현실 안경인 '구글 카드 보드(cardboard)'를 제공했지요. 카드 보드를 스마트폰에 장착해도 내용을 볼 수 있게 하고요. 〈뉴욕 타임스〉가 처음 만든 영상은 내전을 피해 탈출하는 소년 소녀들의 이야기로 보는 사람의 시각대로 화면이 움직이는 새로운 방식이었어요.

〈월스트리트 저널〉 역시 가상현실 기사를 보도하기 시작했습니다. 2015년 11월 9일, 무용 면에 첫 가상현실 뉴스를 내보냈어요. '링컨센터 무대 뒤편의 발레리나'라는 제목의 기사였습니다. 아메리칸 발레 시어터의 솔로이스트인 사라 레인의 이야기를 담은 기사였는데요. 여기에 '잠자는 숲속의 미녀' 주인공인 레인이 스튜디오에서 연습하는 모습과 발레 마스터들의 지도를 받으며 2인무를 준비하는 장면 등을 담았고, 주인공이 직접 내레이션을 함으로써 독자가 직접 만나는 듯한 느낌을 전해주었답니다. 독자의 시선을 따라 입체적으로 움직이니 현장에 있는 느낌이 드는 거예요. 이외에도 AP통신, CNN,* 블룸버그** 등도 가상현실 저널리즘에 참여하기 시작했습니다.

*케이블 뉴스 네트워크(Cable News Network, 약칭 CNN)는 케이블 텔레비전 망 등을 통해 뉴스 프로그램을 24시간 동안 전달하는 미국의 생방송 뉴스 전문 텔레비전 방송사다.
**1981년 전 뉴욕 시장인 마이클 블룸버그에 의해 창립된 24시간 경제전문 뉴스를 서비스하는 미디어 그룹으로 본사는 미국 뉴욕에 있다.

우리나라는 어떨까요? 〈조선일보〉는 2015년 2월 1일 VR전용 모바일앱 'VR조선'과 인터넷 사이트 'vr.chosun.com'의 문을 열었습니다. 태릉선수촌의 하루, 123층 서울 잠실 롯데월드 타워 공사현장 등 영상이 현재 준비되어 있다고 해요. 가상현실 저널리즘은 이제 막 발걸음을 뗀 저널리즘입니다. 아직은 대중적인 매체도 아니고요. 그러나 인터넷이 우리 생활에 급속히 뿌리를 내린 것처럼 가상현실 저널리즘의 미래도 성급히 단정할 수는 없을 것 같습니다. 지금은 비록 영상에 담아 보여주는 수준에 불과하지만 앞으로 어떻게 활용될지는 두고 봐야 할 일입니다.

　그만큼 지금은 '미디어 전쟁' 시대입니다. 새로운 매체가 생겨나고 기존 매체는 영향력이 줄어들고 또 다른 기술이 등장하는, 그야말로 '전쟁'터인 셈입니다. 하지만 해외 언론이든 국내 언론이든 지금 온라인 저널리즘은 확고하게 자리 잡은 상태가 아니에요. 따라서 "이것이 온라인 저널리즘이고 신문의 미래다"라고 단정적으로 말하기는 어렵습니다. 기술은 계속 발전하고, 독자들이 활용하는 매체 역시 매우 빠른 속도로 바뀌고 있으니까요. 이제 막 활성화되기 시작한 인터랙티브 뉴스의 운명도 마찬가지입니다. 대세가 될 것인지, 아니면 또 다른 형태의 뉴스에 자리를 내줄 것인지 사실 아무도 예측할 수 없지요.

누군가는 인터랙티브 뉴스가 영상이나 멀티미디어 기술 등을 활용하기 때문에 기자는 중요하지 않다고 생각할 수도 있습니다. 심지어 최근에는 기술 발전에 힘입어 컴퓨터가 기사를 써주는 시스템도 등장했거든요.

펩시코는 4분기 북미 지역 과자와 음료 매출이 가격 정책에 힘입어 상승했다고 밝혔다. 프리토레이칩스와 트로피카나 주스 제조업체(펩시코)는 그 동안 소비자들에게 더 많은 수익을 가져오기 위해 제품 구성을 개편하고 가격을 조정해 왔다. 여기에는 소비자들이 더 높은 가격을 지불할 가치가 있다고 느낄 수 있도록 유리병에 담은 '게토레이'와 '마운틴 듀 듀사인' 신제품 출시 계획 등이 포함됐다.

위의 기사는 AP통신이 2016년 2월 보도한 '펩시코'의 지난해 4분기 실적 기사입니다. 그런데 이 기사의 작성자가 '로봇기자'라고 합니다. 일정한 양식이 정해져 있는 컴퓨터 소프트웨어에 숫자 등을 집어넣으면 알아서 척척 단 1~2초 만에 기사를 써준다고 합니다. 아마 이런 예들 때문에 "앞으로 기자가 사라질

지도 모른다"는 전망이 나오는 것 같습니다.

미국의 경제지 〈포브스*Forbes*〉는 지난해 11월 직업 안내 사이트인 '커리어캐스트닷컴'이 최근 선정한 미국의 10대 멸종위기 직업을 보도했는데요. 미국에서 사라질 직업 4위에 신문기자가 올랐답니다. 기자들끼리 이 소식을 접하고서 "진짜 우리 일이 없어지는 거 아니냐"면서 서로 웃었는데요. 그렇다면 정말로 기자 직종이 사라지는 걸까요?

저는 영상 매체가 신문을 대체하고, 로봇이 기사를 쓴다 해도 중요한 본질은 기사 자체에 있다고 생각합니다. 어떠한 기술 발전이 일어나더라도 말이에요. 기자의 본질은 세상에서 일어나는 여러 가지 일 중에서 한 가지를 선택하여 기사화하는 거잖아요. 그걸 선정하는 관점, 또한 그 속에 숨어 있는 의미와 가치 등을 캐내는 것이 바로 기자의 업무이지요. 그런 만큼 제아무리 기술이 발달한다고 해도 본질적인 의미에서 기자가 할 수 있고, 또한 해야 하는 일은 변하지 않을 것입니다. 물론 프로그램화된 로봇은 '누가, 언제, 어디서, 무엇을'이라는 단순한 사실 전달 기사를 사람보다 빠른 시간 안에, 더 많이 양산해낼 수 있을 것입니다. 하지만 '왜', '어떻게'처럼 의미와 배경을 담은 기사를 결코 쓸 수 없습니다. 이것이야말로 로봇이 절대 넘볼 수 없는 기자의 가치이고요. 이는 곧 기자들이 더 노력해야 하는 부분도 분명해졌다는 뜻입니다. 즉 기자들은 점점 더 의미를 깊이 분석하고 파고드는 일에 집중해야 한다는 것인데요. 따라서 기자에게는 분석력과 통찰력이 더욱 요구될 것입니다. 어쩌면 신문이 처음 탄생했던 시기의 저널리즘, 즉 분석력과 통찰력을 중시하던 초창기의 저널리즘으로 돌아가고 있다고 보아도 무방하겠지요.

기자에 대한 **오해** 혹은 **진실**

"기자들은 정말 그런가요?"

기자라는 타이틀을 지니고 여느 모임에 가면 가장 많이 받는 질문입니다. "진짜 그래요?" 특히 텔레비전과 영화, 드라마에 의해서 비춰진 모습들만 보거나 인터넷에 떠도는 소문을 듣고 물어보는 경우가 많은데요. 저도 기자가 나오는 드라마나 영화를 볼 때 "저렇지 않은데…"라면서 고개를 젓기도 하고, "우와, 실제처럼 잘 그렸다" 하고 감탄하는 경우도 있습니다. 그렇다면 어디까지 진실이고 어디까지 오해인지 한번 알아볼까요?

Q. 텔레비전을 보면 기자들은 술도 잘 먹고 많이 먹는 것 같아요. 어른들도 기자가 되려면 술을 잘 마셔야 한다고 말해요. 진짜 그런가요? 술을 못 마시면 기자를 할 수 없나요?

A. 한국에 와서 일하는 외국인들이 많이 지적하는 것 중 하나가 바로 '술 문화'인데요. 우리나라는 술 문화가 사회 저변에 깔려 있습니다. 과거에 비하면 많이 덜해졌지만 여전히 술을 많이 마시는 문화이긴 합니다. 직장에 들어가서 깊은 대화를 나누려면 상사와 술자리를 자주 가져야 한다는 말들도 난무하고요. 술을 많이 마시는 건 기자이기 때문이 아니라 우리나라 문화라는 뜻입니다. 하지만 기자가 술을 접할 기회, 그러니까 '술자리'에 갈 기회가 다른 직업보다 상대적으로 많은 것도 사실이에요. 취재원과의 자리가 취재하는 공간으로 이어지는 경우가 많거든요. 특히 친분이 없는 낯선 취재원과 만남은 술이 조금 더 빨리 가까워지게 하는 '수단'이 됩니다. 술자리에서 대화하면서 정보를 얻거나 기사 아이템을 얻을 수도 있고요. 그러면 술을 못하는 사람은 취재하기 어려운 거냐고요? 전혀 그렇지 않습니다. 술은 앞서 말했듯이 '수단'에 불과합니다. 취재원과 만날 수단은 '술'이 아니어도 많으니까요. 차를 마시거나 간단히 식사를 함께할 수도 있고요. 평소에 취재원을 자주 찾아가서 안면을 익히는 방법도 있습니다. 또한 사람을 통한 취재가

아니라 직접 정보를 분석하고 연구하는 취재도 있어요. 빅데이터로 만드는 기사가 그중 하나인데요. 모두 본인이 하기 나름이랍니다. 요즘은 술을 많이 권장하지 않는 문화가 퍼져가는 추세이므로 술 때문에 고민할 이유는 없답니다.

Q. 여자는 기자가 되기 어려운가요? 어른들 말씀이 여자 기자는 힘들고 많이 뽑지도 않는다고 해요. 그러면 저는 여자니까 처음부터 기자를 꿈꾸면 안 되는 건가요?

A. 저도 여자랍니다. 그런 생각은 안 해도 됩니다. 불과 20년 전까지만 해도 신문사 편집국에는 여자 기자가 별로 없었어요. 특히 정치, 사회, 경제부 등 소위 말하는 '스트레이트' 부서라는 곳에는 여기자가 거의 전무하다시피 했습니다. 매일 늦게까지 일하는 곳에는 여성 기자를 배치하지 않은 거예요. 여기자를 뽑아도 문화부, 국제부 등의 부서만 돌게 했지요. 국내 신문사에서 여성 정치부장, 여성 사회부장 등이 나온 건 그리 오래된 일이 아니랍니다. 불과 7~8년 전 일이에요. 그렇지만 지금은 완전히 다릅니다. 언론사에 지원하는 비율이 여성과 남성 50

대 50일 정도로 지원도 많이 하고 뽑는 데도 차별을 두지 않아요. 제가 〈경향신문〉에 입사했던 2005년에는 취재기자 8명 중 6명이 여성이었던 이례적인 일도 있었답니다. 매해, 회사마다 다르지만 합격자 비율이 남성 대 여성 반반이 되는 경우도 많아요. 실력이 된다면 언론사에서도 여성이라고 차별을 두지 않으니 너무 걱정하지 않아도 됩니다. 이미 여성 편집국장이 나온 신문사도 여럿 있고요.

Q. 인턴 경력이 꼭 필요할까요?

A. 단언해서 말하기 어려운 부분이에요. 필요할 수도 있고 아닐 수도 있어요. 애매한 말이죠? 요즘은 '스펙 쌓기' 시대죠. 초등학생 때부터 경력을 쌓기 위해서 바쁘다고 들었어요. 저희 회사에 입사하는 신입 사원들의 자기소개서를 보면 정말 화려합니다. 이력서 한 페이지에 경력을 가득 쌓고도 넘쳐나기도 해요. 솔직히 말해서 경력이 있으면 좋겠지요. 그러나 그 경력이 필수 조건은 아니에요. 인턴 경력이 없다고 해서 기자 자질이 유능한 지원자를 떨어뜨리지는 않거든요. 즉 인턴 경력은 선택이지 필수 사항이 아닙니다. 인턴 경력만 많은데 글쓰기 실력

이 형편없다면 결코 기자로 뽑히지 않을 겁니다.

Q. 꼭 신문방송학과를 졸업해야 기자를 할 수 있나요?

A. 저도 고등학생 시절에는 꼭 신문방송학과를 나와야 기자를 할 수 있는 줄 알았습니다. 그러면 좀 더 이점이 있지 않을까 했어요. 현실은 어떠냐고요? 기자가 되기 위해서 꼭 신문방송학과를 나오지 않아도 됩니다. 물론 신문방송학과를 나온 기자가 많긴 하지만 시험을 볼 때는 전공불문이거든요. 실제로 기자들의 전공을 살펴보면 국문과, 사회학과, 정치외교학과 등으로 다양합니다. 물론 문과계열 전공자가 많긴 해도 이과 계열 전공자도 심심치 않게 볼 수 있어요. 오히려 공학 계열 전공자가 기자가 되면 더 유리한 점도 있답니다. 기자가 되어 취재할 영역이 꼭 문과 계통에만 한정되는 건 아니니까요. 기술적인 부분도 취재할 일이 많답니다.

Q. 기사가 윗선에 의해 보도되지 않거나 고쳐지는 경우가 있나요? 영화를 보면 돈 많은 기업 회장님이 광고를 안 준다며 압박해 불리한 기사가 보도되지 않도록 막는 내용이 많이 나오더라고요. 실제로

그런가요? 정치적인 외압도 있는지 궁금하고요.

A. 부끄러운 고백이지만 아예 없는 사실은 아니에요. 한국 언론사들은 대부분 광고에 수익을 많이 의존합니다. 신문사나 방송사마다 차이는 있겠지만 절대적으로 큰 비중이 광고 수익이라고 할 수 있어요. 자사의 불리한 내용을 담은 기사가 나오면 광고를 무기로 보도를 막는 행위가 더러 있습니다. 이런 일이 발생하면 현장 취재기자는 절망스럽죠. 그러나 이 같은 일이 많이 발생하지는 않습니다. 또 모든 언론사의 보도를 다 막을 수도 없고요. 일부에서는 광고 때문에 보도가 되지 않지만 또 다른 일부 회사는 그럼에도 불구하고 보도해서 사건의 진실이 세상에 드러나게 되기도 합니다. 광고 압박에도 불구하고 보도를 하는 게 진정한 기자 정신이겠죠. 정치적 외압은 사실 '있다', '없다' 똑 부러지게 말하기는 어려워요. 없다고 말하기는 애매하지만 또 실제로 존재한다고 말하기도 쉽지 않습니다. 지금은 과거 군사 정권 시절 언론사를 없애거나 "이렇게 보도하라"는 보도지침이 내리는 것처럼 언론을 직접 통제하는 상황은 아닙니다. 정치권력이 대놓고 언론사를 쥐락펴락하는 시대가 아니

므로 눈에 보이는 정치적 외압은 없다고 자신 있게 말할 수 있어요. 더 중요한 점은 암암리에서 알게 모르게 정치적인 압력이 들어오기도 한다는 점입니다. 아예 기사가 삭제된다기보다 정말 크게 다뤄야 할 사안이 보도됐는지 안 됐는지도 모르게 아주 작게 처리되기도 하거든요. 정치적 외압 논란은 신문사보다 방송사에서 더 크게 불거집니다. 특히 공영 방송인 KBS에서는 종종 정치적 외압 논란이 벌어져요. 사장 선임 구조가 정치권으로부터 자유로울 수 없기 때문에 기자들의 문제 제기가 자주 나오지요. 2012년 MBC 기자들의 파업도 바로 이 같은 이유였습니다. 당시 MBC 노동조합은 선거 방송을 하면서 여당에게 유리하게 보도하고, 대통령 사저 관련 보도를 편파적으로 다뤘다며 공정한 방송을 하게 해달라고 파업했는데요. 2012년의 파업 여파가 아직까지 이어지고 있습니다. 파업에 참가한 기자들이 한직으로 밀려나고 복귀하지 못했기 때문입니다. 이 같은 문제 역시 MBC의 사장 선임 절차가 정치적 입김에서 자유로울 수 없기 때문에 불거진 일이에요.

Q. 기자들은 다 성격이 까칠하고 차가운 사람들로 묘사되던데요. 실제로 그런가요?

A. 드라마나 영화에 나오는 기자들의 모습이 차갑거나 또는 비열하게 비춰지는 적이 많아서 저도 볼 때마다 낯이 뜨거워져요. 냉정하거나 차가운 면모는 일면 그래야 할 때도 있습니다. 사사로운 감정에 휘둘리면 안 되니까요. 예를 들어 내가 고발하고자 하는 기사 내용이 있습니다. 그런데 이 문제에 관여된 사람이 나랑 친한 사람이거나 혹은 친척이라면 어떻게 해야 할까요? 어려운 질문이죠. 제가 언론사 여러 군데 입사시험을 볼 당시 면접에서 이런 질문을 받은 적이 있어요. 정답은 없겠지만 기사로 보도해야 할 일이라면, 그럴 만한 공적인 가치가 있는 일이라면, 아는 사람이라도 기사화해야 합니다.

좋은 기자가 세상을 바꾼다

기자라는 명함을 들고 다닌 지 만 10년 됐습니다. 10년차 기자, 하면 떠오르는 장면이 있어요. 수습기자 시절, 여름휴가를 갔다고 들은 10년차 선배가 회사에 앉아서 열심히 기사를 쓰고 있는 거예요.

'분명 휴가라고 하셨는데….'

선배가 맡은 출입처의 장관이 갑자기 사퇴를 하는 바람에 휴가를 갔던 사람이 갑자기 불려나왔던 거예요. 알고 보니 회사에서 부르기 전에 선배가 먼저 기자 회견장으로 갔다고 합니다. 저는 그 모습이 멋있다고 생각했습니다. 10년차 기자가 보여주는 자신의 출입처, 자신의 기사에 대한 책임감이랄까요? 선배에게 부러움과 존경을 눈길을 보냈던 제가 어느덧 10년차 기자가 되어 '기자를 꿈꾸는' 청소년들에게 이렇게 말을 건네고 있다니, 참으로 감개무량합니다.

글을 쓰면서 여러 번 스스로에게 되물었습니다. "나는 기자를 소개할 만큼, 그 10년차 선배처럼 책임감 있는 기자가 되어 있나?" 생각해보면 부끄러울 때가 더 많습니다. 힘들다고 불평만 해온 건 아닌가 싶기도 했고요. 글에서도 묻어나지만 기자 일이라는 게 사실 '보람은 순간이요, 고통은 지속'이거든요. 쉽게 쓰이는 기사도 있지만 난관에 부딪혀 고민하고 여러 사람과 싸우면서 어렵게 쓰이는 기사가 더 많거든요. 하지만 이런 기사일수록 제도를 바꾸고 사람들의 마음을 움직이지요. 내가 쓴 기사로 세상이 조금이라도 바뀔 수 있다니, 얼마나 흥분되는지요? 기분도 좋고요. 그러나 그만큼 시간과 노력과 땀이 들어갑니다. 바꿔 말하면 매우 힘들다는 것인데요. 바로 책임감이 주는 고통 때문입니다. 기자를 꿈꾸는 청소년들에게 해주고 싶은 말도 바로 이것입니다. 좋은 기사로 세상을 바꿀 수 있습니다. 그러나 힘이 들어요. 반드시 책임감이 필요하지요.

대학교 전공 수업 때 특강을 오셨던 기자분의 말씀이 생각나요. "나중에 기자가 되거든 ㅇㅇ 언론사 기자가 되지 말고 대한민국 기자라고 생각하라." 회사를 위해 일하는 게 아니라 우리 사회를 위해서 기사를 쓰라는 뜻인데요. 바로 소명 의식을 가지라는 말씀이었답니다. 이 말을 요즘 현실에 맞게 바꾸면 "대한민국 기자가 아니라 전 세계 기자가 된다고 생각하라"일 것입니다. 어때요, 여러분! '전 세계 기자'라는 타이틀을 달고 싶지 않으신가요?

더 읽어보기

신문기자가
등장하는 영화들

1940년대

시민 케인(Citizen Kane, 1941)

- 감독: 오슨 웰스
- 출연: 오슨 웰스
- 웰스 본인이 감독, 각본, 제작, 주연까지 도맡아 했

다. 아카데미상 각본상을 수상했으며, 미국 영화 연구소가 선정한 위대한 미국 영화 목록에서 1위를 할 정도로 평단, 학계로부터 역사상 최고의 영화로 항상 손꼽히는 작품이다. 이 영화는 웰스가 연기한 찰스 포스터 케인이라는 거부의 삶과 유산을 되짚어보면서 전개되는 '로망 아 클레' 형식이다. 주인공 케인은 미국의 언론 재벌 윌리엄 랜돌프 허스트와 웰스 자신을 모델로 하고 있다. 영화가 개봉하자 허스트는 자신의 신문에서 이 영화에

대해 언급하지 못하도록 막았다. 극중 언론계에서 케인은 이상적인 사회 기여를 위해 언론에 손을 대지만, 점차 맹목적으로 권력을 추구하기에 이른다. 주로 플래시백 기법을 통해 내용이 서술되며, 케인이 임종 시에 '로즈버드'라는 말을 남긴 미스터리를 해결하려는 신문기자의 탐구를 통해 전개된다.

1970년대

모두가 대통령의 사람들(All The President's Men, 1976)

● 감독: 알란 J. 파큘라

● 출연: 더스틴 호프만, 로버트 레드포드, 잭 워든

● 워터게이트 사건을 당시 워싱턴 포스트의 기자였던 밥 우드워드와 칼 번스타인이 딥 스로트의 제보를 받아 폭로하는 내용으로 밥 우드워드에 로버트 레드포드, 칼 번스타인에 더스틴 호프만이 맡았다. 기자 임무의 본령인 취재에 집중한 영화로서 '탐사 보도 영화의 전범(典範)'로 손꼽힌다.

1980년대

킬링필드(The Killing Fields, 1984)

● 감독: 롤랑 조페

● 출연: 샘 워터스톤, 행 S. 응고르

● 캄보디아 내전을 취재하고 나중에 퓰리처상을 수상한 〈뉴욕 타임스〉 기자 시드니 샴버그(Sydney Schanberg)의 체험에 근거한 실화를 영화화한 것이다. 1984년 아카데미 시상식에서 남우조연상, 편집상, 촬영상 3개 부문을 수상했다.

살바도르(Salvador, 1986)

● 감독: 올리버 스톤

● 출연: 제임스 우즈

● 특종을 잡을 욕심에 엘살바도르 내전 현장에 뛰어든 사진기자 리처드 보일이 주인공이다. "로버트 카파가 퓰리처상을 받은 것은 그가 항상 죽음의 현장에 가깝게 갔기 때문"이라는 대사가 인상적이다.

핫 뉴스(Switching Channels, 1988)

● 감독 : 테드 코체프

● 출연 : 캐서린 터너, 버트 레이놀즈, 크리스토퍼 리브

● 맹렬 기자로서 물불을 가리지 않는 뉴스 앵커 크리스티가 휴가지에서 만난 매력적인 남자 블레인 때문에 일을 그만두려 하지만 방송국에서는 그녀를 다시 사형수 취재에 보낸다. 여러 번 리메이크된 작품으로 원래는 신문기자의 이야기를 다룬 영화다.

1990년대

사랑의 특종(I Love Trouble, 1994)

● 감독: 찰스 샤이어

● 출연: 줄리아 로버츠, 닉 놀테

● 컴퓨터로 기사를 써야 하는 시대가 되자 신문기자들의 일하는 모습도 달라진다. 〈시카고 크로니클〉을 배경으로 기사를 재탕하려다 망신당하는 고참 기자를 주인공으로 하여 판매 부수 경쟁에

열을 올리던 경쟁 신문사 여기자와의 로맨스가 주를 이룬다.

페이퍼(The Paper, 1994)
● 감독: 론 하워드
● 출연: 마이클 키튼, 로버트 듀발, 글렌 클로즈, 마리사 토메이
● 두 명의 백인 사업가가 총에 맞은 채 발견되고, 그 자리에 흑인 소년 둘이 있었던 사실이 밝혀지면서 아이들은 살인범으로 몰려 체포당한다. 신문 기자 헨리

는 취재 과정에서 우연히 두 소년이 무고하다는 경찰 내부의 목소리를 듣게 되고, 이를 입증하여 특종을 따내기로 결심한다. 경찰서와 사법처를 오가며 사건의 내막을 캘수록 헨리는 피살자들이 은행에 재직할 당시 마피아에게 수백만 달러에 달하는 손해를 입혔다는 사실을 밝혀내지만 상사와의 갈등으로 해고될 위기에 처한다.

2000년대

섀터드 글래스(Shattered Glass, 2003)

● 감독: 빌리 레이

● 출연: 헤이든 크리스천, 피터 사스가
드, 크로 세비그니

● 1998년 봄 미국의 시사 주간지《뉴 리
퍼블릭》에서 수년간 수십 건의 허위 기
사를 쓴 것이 발각되어 해고된 기자 스티
븐 글래스의 실화를 그린 드라마. 출세에
눈이 먼 기자의 욕심과 저널리스트 본연
의 양심을 주제로 진실과 리더십을 탐색
하는 영화.

스테이트 오브 플레이(State of Play, 2009)

● 감독: 케빈 맥도널드

● 출연: 러셀 크로우, 레이첼 맥아담스,
벤 애플렉

● 떠오르는 스타 정치인 스티븐 콜린스
의 보좌관이자 애인인 소냐가 지하철에
서 의문의 죽음을 당한다. 사건이 발생하
자 모든 언론이 정치인과 보좌관의 은밀

한 관계를 알리는 선정적인 기사를 쏟아내는 가운데, 〈워싱턴 글로브〉지의 고참 기자 칼은 편집장의 지시로 인터넷 담당 초보기자를 데리고 사건의 진실을 파헤친다. 권력 네트워크와 비리를 밝혀내는 큰 줄기의 이야기와 함께 취재 방식을 두고 다투는 기자들의 모습을 함께 보여주면서 일면 종이신문의 위기감을 노골적으로 드러낸 영화이다.

스포트라이트(Spotlight, 2015)

● 감독: 토마스 맥카시

● 출연: 마크 러팔로, 레이첼 맥아담스
● 미국의 3대 일간지 중 하나인 〈보스턴 글로브〉의 '스포트라이트' 팀 기자들이 가톨릭 사제들의 아동 성추행 사건을 취재하는 이야기. 사건의 진실을 찾으려는 기자들과 이를 은폐하려는 세력 간의 공방 속에서 마침내 드러난 성스러운 이름 아래 감춰졌던 사제들의 민낯이 속속들이 드러난다.